ばぁば、93歳。
暮らしと料理の
遺言

日本料理研究家
鈴木登紀子

主婦と生活社

はじめに

気がつけば93歳。ずいぶんと長く生きてきました。この歳になって思うのは、「十分に生きた。でも、もっとおいしいものを食べたいわ」そうなのよ、何歳になっても食い意地のはっているばぁさんなのです。その思いこそが、長生きしている秘訣かしらと思っております。

食べることとは、ばぁばにとっては生きることそのものです。「食べることは生きること。生きるためには食べる」――その大切さを今の方たちはどのように思っているのかしらと考えております。若い人を見ていると、スマホを見ながら手軽に口にできるものだけ食べています。〝満腹感〟はあるかもしれませんが、それで〝満足感〟はあるのかしら。「ああ、これ、おいしい！」と心まで満たされるお食事をとっているのかしら。ばぁばは気が気じゃありません。

お食事以外にも、当たり前のことが忘れられているように思います。長くお料理教室を続けておりますが、きちんとご挨拶のできる方も少なくなってきていますね。食べ方の作法も「あなた、大丈夫？」と思わず問いかけたくなるような方もいます。また、お箸をとる前に、カシャッてまずはスマホで撮影する方たちにも慣れてきましたわ。少しでもお熱いうちに食べたほうがおいしいわよと心の中では思いますが、それこそ老婆心というものでしょうね。

このように若い人たちの生態観察をしながら世の中の変化を感じ、おもしろがっている毎日です。

この歳まで生きてきますと、いつお迎えがきても覚悟はできています。お仕事もお声がかかったものをひとつずつていねいにやっているにとどめています。

外出時には足元がおぼつかなくなってきましたので、人に迷惑をかけず、そのときまでの人生を過ごしたいと願うばかりです。

80代のころはもっと元気でしたよ。終活なんて、まだまだという気持ち。90歳を過ぎて自分も体力が落ちてきたわと、感じることも増えました。そして最近、自分が遺したいものはなにかしらと、ふと思います。

先日も、近くの商店街をゆっくりと歩いていましたら、足早な女性にぶつかられましてね。謝りもしないし、振り返りもしないのです。年寄りが街に出ることも危ない国になっているのかしらと、さみしい気持ちになりました。

日本人としてのたおやかさは、どこに行ったのでしょう。昔でしたら母から娘へ、人の心の温かみや人として大切なことを自然に伝えてきたものです。お母さまやおばあさまから、いろいろなことを受け継ぐことは少ないのかしら。

「遺言」といったらおおげさ、かもしれませんが、私が遺したいことを今回の出版の折にまとめてみました。老いとの向き合い方や楽しみ方。暮らしの工夫や忙しく毎日を生きる女性たちに伝えたいお料理のコツ。

自分が60代のときは、90代が想像もできませんでしたし、考えたこともありませんでした。でも、このように体も心も元気なうちは、まだレシピを考えることはできると思っております。

長生きをしますと、なにごともあまり気にしなくなるようです。それは神さまが老人に与えてくれるプレゼントかもと、ばぁばは楽しく過ごしています。

ばぁばこと　鈴木登紀子

目次

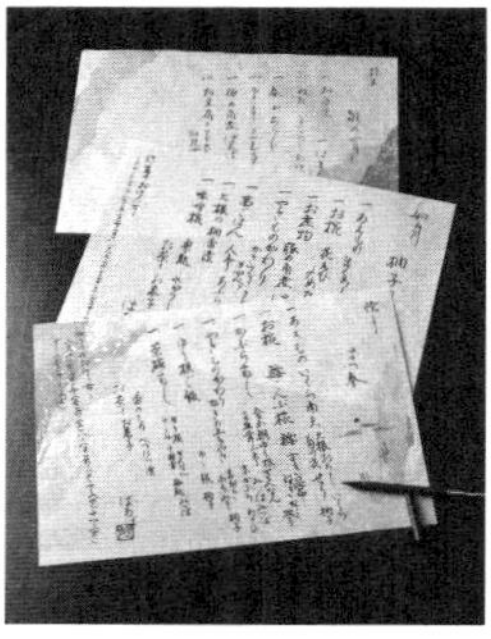

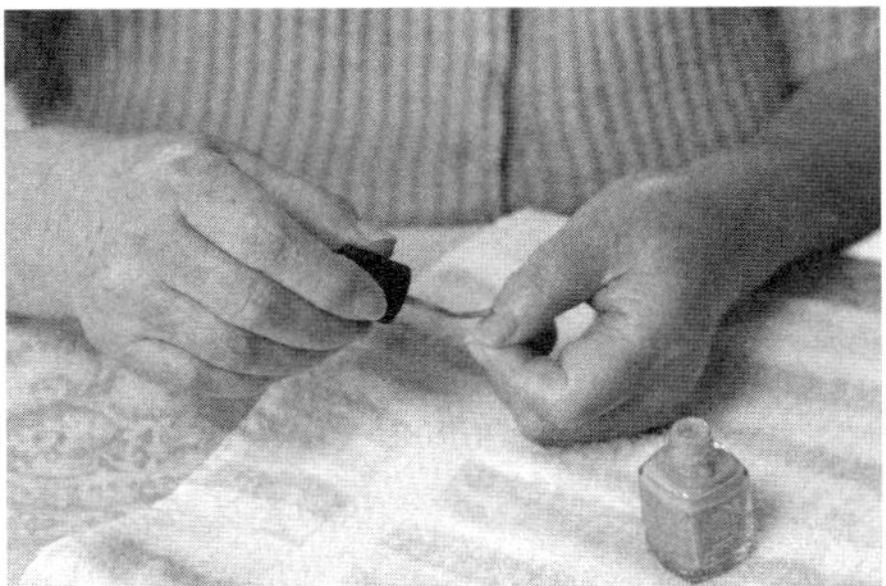

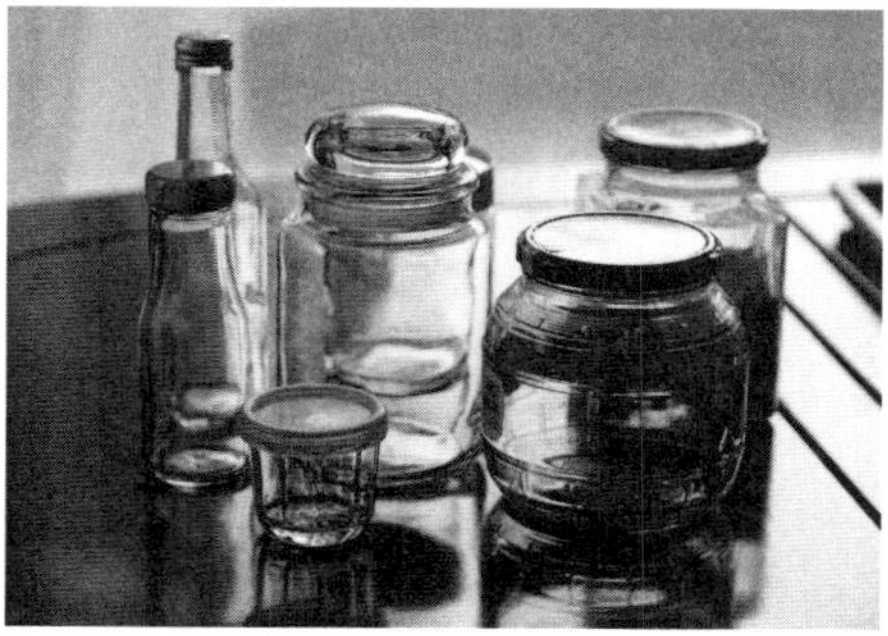

二章　伝え遺したい「和の心」
～大切にしてきた、ばぁばの生活習慣～

三章 お料理を作るあなたへ12の遺言
~知ってほしい和食の極意~

デザイン　tabby design
編集協力　太田美由紀
写真　工藤雅夫　亀和田良弘
ピクスタ
校正　鷗来堂
編集　谷 知子

一章

長生きしてわかったこと

～ばぁば、93歳。人生の仕舞い方～

遺すのは1枚の写真だけ。残るものは、思い出だけ

夫が亡くなって、子どもたちが集まった席のこと。私はある写真を1枚ずつ渡しました。夫とともに写した記念写真。結婚して60年のダイヤモンド婚式のときにホテルオークラの写真館で撮影したものです。

夫婦で64年間の年月をいっしょに過ごしました。そして子どもたちが生まれて、楽しい家庭生活を営むことができました。戦後まもない頃でしたので大変な時期はありましたけれど、この歳になると、遠く記憶のかなたにいってしまって、今ではよいことしか思い出せませんね。

子どもたちには、遺すものはコレなのよ、と伝えたのです。人が亡くなっても残

るものは、思い出だけ。私たち夫婦がいてこそ、あなたたちがいる。そして私たち夫婦が仲良く過ごしたことを、どうか覚えていてね、という思いを込めました。子どもたちは、「え、遺産はコレなの？　そのテもありか！」と笑っていましたが。

この写真を
目にするたびに
お迎えが
近いのかしらと
思います

十分生きた。延命はご無用。でも、お出かけ用の下着は必要よ

夫が亡くなったのが91歳。私は今、93歳。いつの間にか「パパの年齢」を追い抜いてしまいました。娘たちには「そんなに元気ならきっと100歳まで生きるわよ」と言われますが、お迎えは明日かもしれない。この歳まで生きると、いつ来てもおかしくないことだとつねに思っています。

ですから、外出の予定があるときには、前日に新しい下着を用意して、お気に入りのお洋服を選んで並べておくのです。レースの付いた新しいものを身に着けていれば、どこで倒れても恥ずかしくないでしょう。病院に運ばれたときに、「今日の下着はマズかった！」と思いたくないですからね、この歳になっても(笑)。娘には、

病院で誰も下着なんか気にしないわよ、って言われますが、残念ないでたちで、自分の最期を迎えるのはイヤだわ。

それから、ある紙を健康保険証に挟んであります。

「根曳きの松」の絵柄のメモに、「延命無用　チャーチャン」と自筆で書き記し、いつも持ち歩いているの。私は、娘や孫たちには「チャーチャン」と呼ばれているのです。

「根曳きの松」はご存じかしら。京都では、根がついたままの門松を飾ります。幸せが根付くと言われているそうです。

私の母は、脳溢血である日突然倒れ、私が

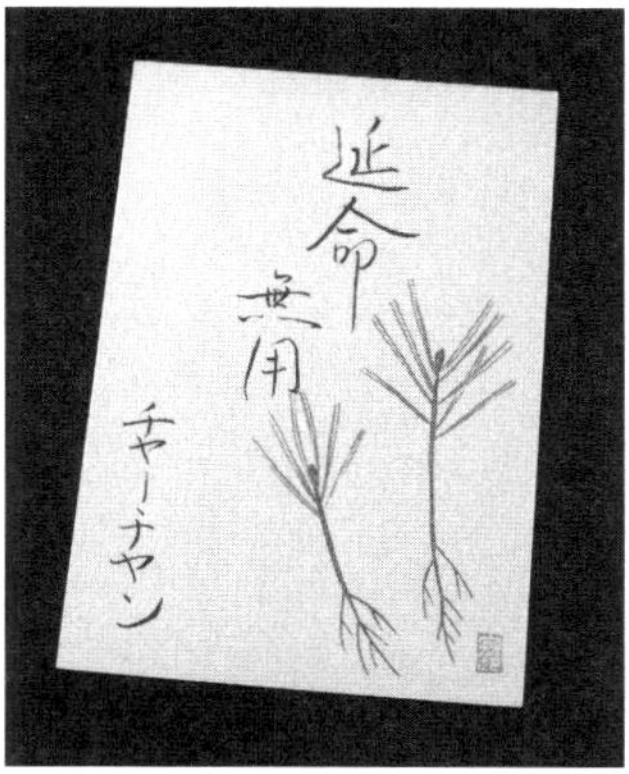

駆けつけたときにはもう意識はありませんでした。夫はある朝、ソファに座ったまま亡くなりました。大切な家族が予期せぬ形で、けれども大往生で亡くなっているので、死というものはある日突然そのようにしてやってくるものだと心しています。

そして、母も夫も、亡くなってからいつも私の心におります。心の中に生きてくれているから、寂しいというよりも幸せだなと感じるのです。

だから、いつか私が倒れて意識がなくなったとしても延命治療はしてほしくないのです。意識もないままたくさんの管や器具につながれて生きるのではなく、自然にこの世とさよならして、あとは家族を見守っていたいと思うのです。

90歳を過ぎて生きているのですから、それこそが奇跡。神様が、まだ人のお役に立てると思って生かしてくれているのかしら。そう思うと、元気な今という時間を大切にしようと思う気持ちもわいてきます。きっと天国のパパも、もう少しこの世でおいしいものを作ったり、食べたりしなさいと応援してくれているのかもしれませんね。

死んだらそれまで。生きている今が大事

歳をとったら、お墓をどうするという話になります。私たち夫婦は50代になってのことでした。ふたりとも、末っ子どうし、子どもたちに心配をかけないようにと思い立ったのです。

お墓をどこに建てるか、どこまで費用をかけるかは悩ましいところ。家の近くがいい、いや、郊外がいい、散骨したい、納骨堂でいいとか、家族で意見が分かれて険悪になることもあるのだそうです。死んだらそれまでのことですから、それほどこだわらなくてもいいのにと思います。なによりも生きている今が大事でしょう。年寄りを静かに死なせてほしいと思うわ。

お墓は、お参りに来てくれる人たちが負担にならないことがいちばんかしら。本当は心の中で思い出してくれるだけでもいいのだけれど、なにか困ったことがあったらばぁばのお墓に来て、話しかけてくれるならば、これまたうれしいですし。

今は、お墓に自分の好きな言葉を刻むのもよく見かけますよね。私の石碑には、「かぶ」と「にんじん」を彫りましたの。10年前のことかしら。

私が入るお墓は、夫と同じところです。東京・駒込の光源寺《こうげんじ》というお寺さんなのですが、「あら、ひかるげんじ？　すてきな名前だし、おぼえやすくていいわね」と思いました。大きな観音様がいらっしゃって、白梅、紅梅が咲きますし、住職がとても柔和な面立ちでいらっしゃるの。私の実家は仏教で、夫の実家はクリスチャンなのですが、ふたりでこのお寺さんが雰囲気いいわねと決めました。

梅はとても好きな花。今の東京・吉祥寺の家からも、春になりますと庭先から梅が見えて、うぐいすがやってきます。最初はへたくそな鳴き声なのに、そのうちいっぱしに、ホーホケキョと上手に鳴けるようになって、あらまあ、人間と同じなのね、って感心しちゃった。お料理も何度もやれば少しずつ上達しますでしょう。練習を続けることが大切なのだわと思うのです。

「今、食べとかなきゃ」。先は短いのだから……

これまでの人生を振り返ってみますと、「食欲がなかった」という時代はないわね。いつでも、おいしいものを食べたい、家族に作ってあげたいという気持ちで生きてきたように思います。

今でも1日3食、ほぼ決まった時間にいただかないと自分の機嫌が悪くなってしまうの。だって、先が短いんですもの、1食たりともおろそかにはできませんわ。それに、おやつだってしっかりいただきます。糖尿病ですから、本当は甘いものもあまりいただけないのですが、食べちゃったらね、「今度は、気をつけよう」「あとで、炭水化物を少し減らそう」って反省だけするのよ、実行はできないのですが。

甘いものだけではなく、塩分も控えなさいとお医者さまには言われています。ふだんのお食事はなるべく味つけを薄くしていますがじつは私、お寿司が大好物なのです。お寿司って、おしょうゆをつけるし酢めしにも塩分が多いから、いただいた次の日は、足が象さんのようにむくみます。「あら、またお医者さまとの約束破っちゃったわ。今度、気をつけましょう」ってこれまた反省はします。でも、外食に行き、板さんが握ってくれたものを前にしますと、「こんなすばらしいお寿司、死んだら食べられないわ、今、食べとかなきゃ」と思うのです。

どこまで食い意地のはったばぁさんでしょうか。

毎日しっかり食べるのは、朝ごはん。娘が、ワンプレートにいろいろなおかずを並べてくれます。ワンプレートは、ばぁばの希望。卵、ハム、サラダやフレンチトーストが添えられていて、おむすび、おもち、パンのどれかが主食。おむすびの具は鮭か梅干しか昆布。おもちのときは、焼き目をつけてほんの少しのしょうゆを垂らして、海苔で巻きます。「今日はどんな朝食かしら」と楽しみです。

次女夫婦と同居するようになったのは、90歳。夫が亡くなって5年間はマンションでひとり暮らしをしていました。気ままで楽しかったですね。お食事も、ひとりだからといって雑にはしませんでした。簡単なものでも自分で作ったものがおいしいし、よい器にきれいに盛りつけていただいていました。

「わびしさ」を感じる第一は、食卓からだと思うのです。ひとり暮らしのときは、自分が女王様。好きなもの、上質なものを少量ずついただいて満足することで、気持ちにハリも生まれましたね。若いときは家族のために、たくさんのお料理を作ってきましたから、自分のためだけに手をかけてお料理することが新鮮でした。

お料理教室があるときは、朝の8時からお米をといで、9時からお弟子さんたちと仕込みを始めます。11時には生徒さんたちが来て、お料理の作り方を説明しながら、御献立を一品ずつ生徒さんたちにお運びします。合間を見て、さっとお昼をいただいたら、あと片づけと翌日の準備で、終わるのは夕方。座る暇なく、動き回っておりますが、体と口が働くのは、しっかり食べているからこそ。食べないと気力も持ちません。そして、おいしそうに食べている生徒さんたちの姿を見ることがなによりの幸せ。「もっとお食べなさいな」ってこっちも元気な言葉をかけたくなりますし、自分自身の力もわいてきます。

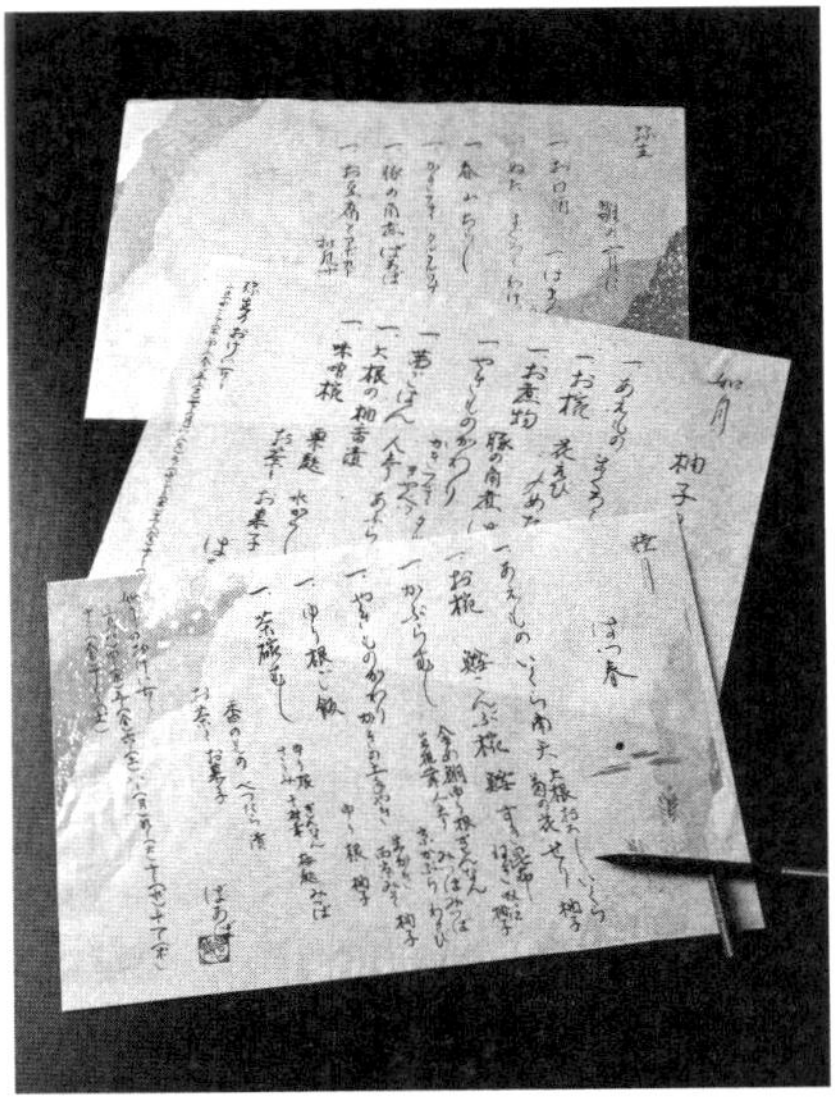

お料理教室のお品書きはすべて筆で手書き。美しく書く、という動作は頭の活性化にも

子どもには、ほんのちょっぴり遠慮することも。そして、ひとりの時間を楽しみます

現在は娘夫婦と同居していますし、お料理教室のアシスタントさんが出入りしていますから、周りからは「さみしくなくていいわね」と言われます。でも、娘夫婦といえども、お互いに距離感が大切だと思っております。夕食も毎回いっしょに食べると、つい言いたくないこともポロッと言ってしまったり、わがままが出てしまいますから。自分の部屋に夕食を持ち込んでのんびり食べますと、気楽でいいわぁ、と思います。外食に行くときには、私がお財布がわりですから(笑)、家族はいっしょに行こうと誘ってくれます。とはいえ、3回に1回はお断りして、みんなで楽しんでいらっしゃいな、と送り出すのです。

ひとりの時間になると、録画している大好きなイギリスのドラマを見ます。「ダウントン・アビー」です。イギリスの風景がとてもすてきなのです。もう海外に行くことはできなくなっていますので、ゆったりとお茶をいただきながらテレビで外国の風景を見て目の保養をしています。夫が生きているときに共に行った、スイスの景色を思い出しながら昔のことをぼんやりなつかしんだりしております。

夜、寝るのはだいたい12時前。お料理教室の献立を考えたり、その日の出来事を思い出してあーだこーだと反省らしきものをしたり。いつも人といっしょで自分の時間がないと、リフレッシュできないし、心からくつろぐことができません。歳をとったら、何もしなくていい、静かな時間がありがたいと思いますね。

それはこれまで精いっぱい、家族のために自分の時間を使ってきたということの反動なのかもしれません。

明日からもがんばれると思えるのは、ひとりの時間を意識的に作っているからだと思います。

老いを嘆きません。今できることを大切に

今の戸建てに引っ越すまでは、マンションに43年間暮らしていました。ベランダで植木を育ててもすぐに枯らしてしまっていました。草木の手入れというものがどうも苦手。そういう性分、ということもありますが、やはり日々の暮らしで手いっぱい、気持ちに余裕がなかったのかもしれません。ただ、90歳でこの家に来たとき、ああ、土のある庭っていいなと思いました。朝は鳥の鳴き声が聞こえて、風の匂いが季節で変わる。マンション住まいでは得られなかった自然のうつろいを感じながら生きることっていいわねとこの歳になってしみじみ思いました。足元がおぼつかず庭に出るのもひと苦労なので、部屋から庭の景色を見ることが日々の楽しみです。

日当たりのいい庭が気にいっています。自分もたまには日光にあたって干からびないようにしないと！

目の前には大きな公園もありますから、お出かけしたい気持ちもありますが、そういったときは、家族に車に乗せてもらったりタクシーでドライブ。東京の街中にも木々がいっぱいで、流れる風景を見ると癒されます。とくに好きなのは皇居の周辺。歩いての移動は大変になりましたが、老いを嘆いても仕方がない。まだ、目と耳は持ちそうですし、自分が今までできることを大切に、心をぐっと持ち上げて生きていけたらと思います。

ほんのささいな気遣いで自分の心まで豊かに

そろそろモノを整理していかなくてはと気にしながらも思うようにはなりません。ついい溜め込んでしまって、娘に「厳選して、いらないモノは捨ててちょうだい」と言われるのが、お店でお買い物をしたときにいただく「包装紙」「リボン」、そして「紙袋」。お料理教室の生徒さんにも「うちのおばあちゃんもよく集めていました。なつかしい」と言われますが、以前はどこのお宅でもお年寄りはこういったものを、後生大事にとっておいたものではないかしら。

きれいな柄の包装紙は自分で好きな大きさに切って、ポチ袋や封筒にしています。無心になってちょこまかと手先を動かしているときが楽しくて。あらま、ちょっと

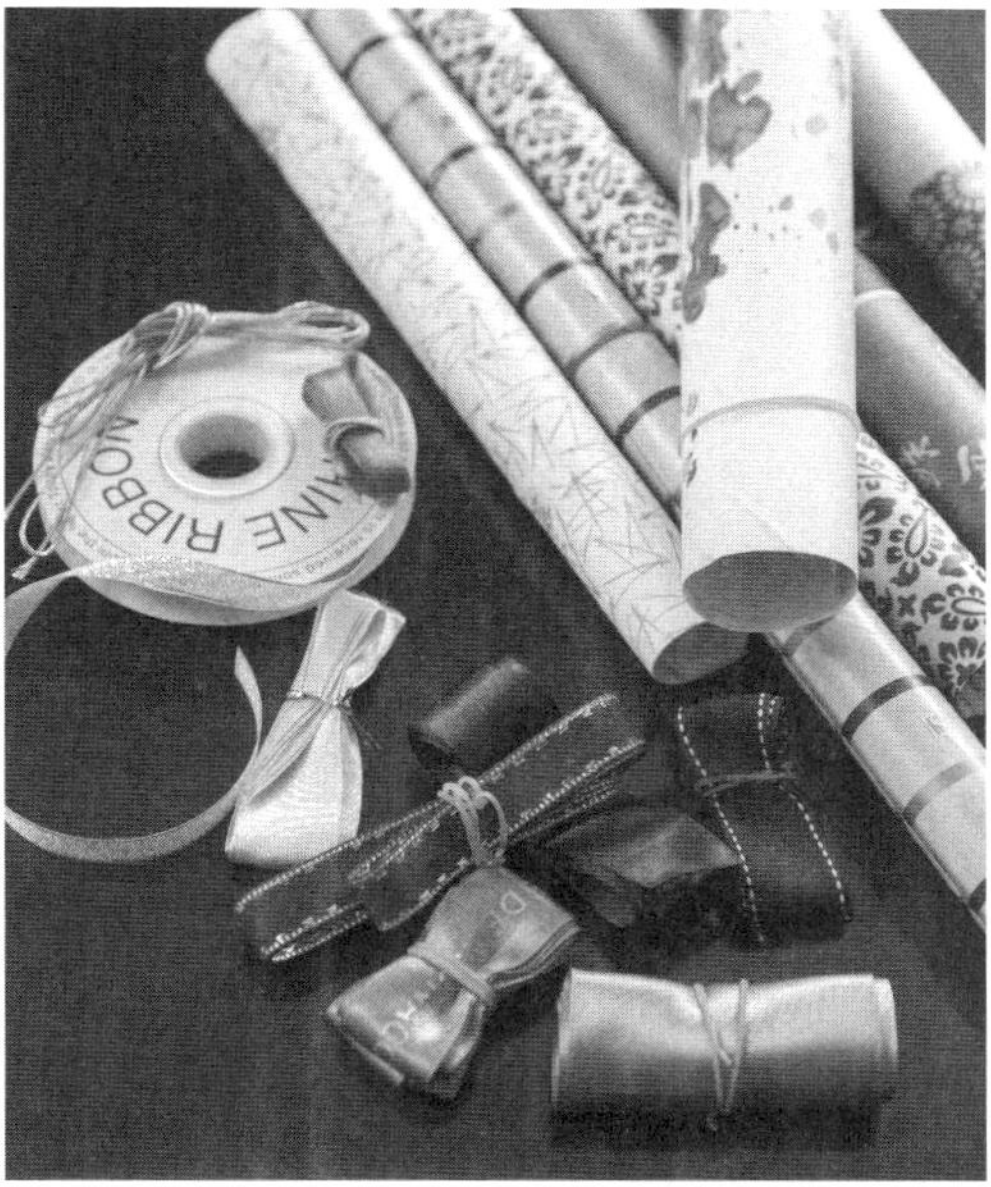

手作りのあたたかみって
いいですよね。
人間関係はささやかなことで
円滑になります

切り方が雑だったわとか、はみ出しちゃったわとか思うのも、手作りのご愛敬。渡す相手がいると、真剣にやりますから、それがやりがいになるのだと思います。なにか行動するのでも相手がいないと、はりあいがないでしょう。

お客様が来たときには、心ばかりのお土産を差し上げることが多いです。お取り寄せしたものとか、いただきもののお菓子のおすそわけとか。そんなときに、むきだしのままお渡ししたり、スーパーの袋に入れて渡すのはやめましょう。

たとえば手持ちの和紙を適当な大きさに切ってのし紙にして、一筆書いたものを添える。かわいい紙袋に入れてお渡しする。ほんのささいなことだけど、「渡す」「受ける」という行為は人間の基本のコミュニケーション。あなたを大切に思ってますよ、というメッセージのやりとりなのです。

心の贅沢、それは「上質なものを少しだけ」

テレビに出るときは着物をリクエストされることが多いのですが、ふだんは洋服です。着るもの関しては、もう数はいりません。昔から〝気に入ったものを大切にしたい〟と思っております。とくに大事にしているのが、ガウン。用事のない日は、パジャマの上に羽織って、一日中過ごすことも。明るいピンク色でカシミア製。薄手だけど丈夫であたたかくて、着心地が最高なのです。

歳をとったら、よく身に着けるもの、たとえば下着とかパジャマなどは、上質なものを選ぶといいのではないかしら。病院に入院するときも、ちょっといい気分になりますしね。私は、朝のんびり起きて、朝食を食べ、この着心地のいいガウンを羽織りながら自分の部屋でくつろぐ時間が好き。自宅で過ごす時間が快適ですもので、外出もムリにせず静かにしております。気持ちの安らぐ自宅で、好きなものを食べて、着たい服を身に着けて、庭をながめて四季折々を感じております。歳をとるほどに、それが心の贅沢と思うようになりました。

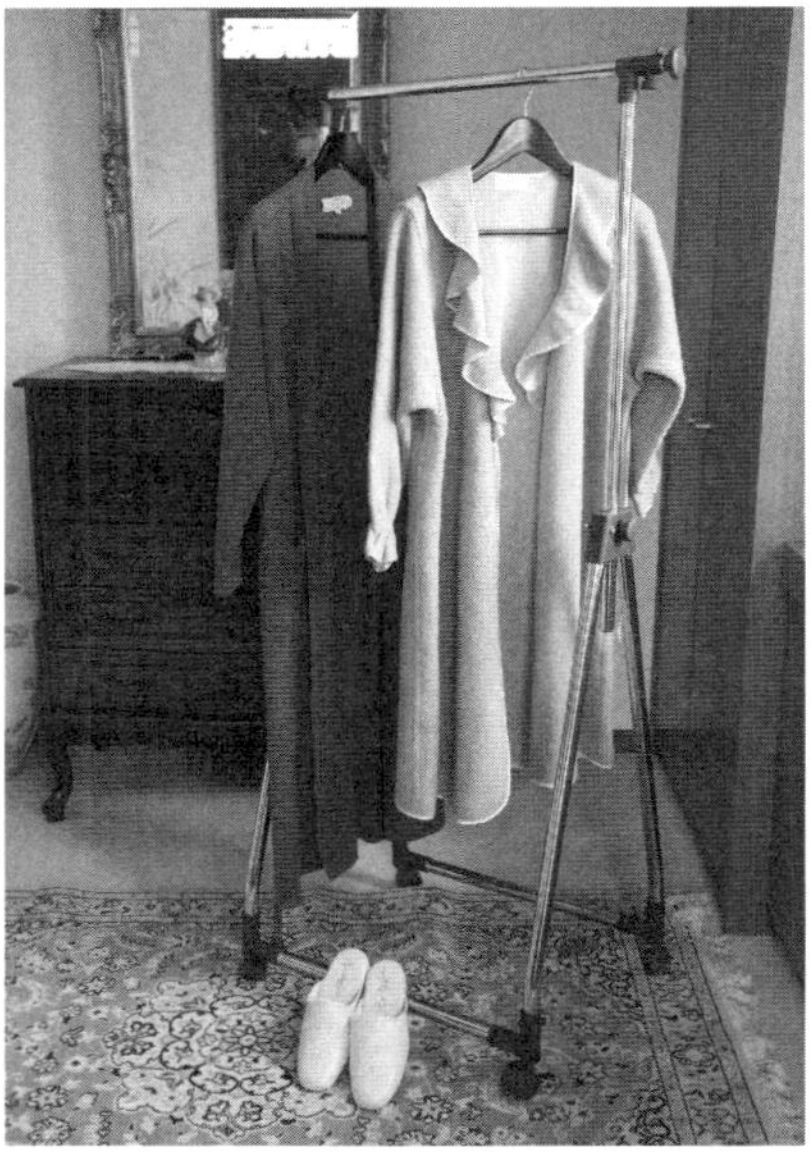

心が明るくなる色の
軽くてあたたかいガウンは
とても重宝。
ちょっと贅沢して
心地よく過ごしたいの

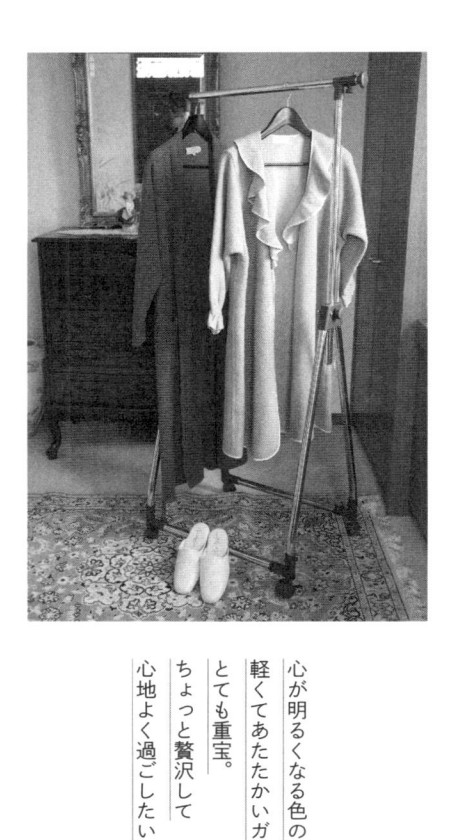

女性は歳をとっても髪かたちが大切

髪には、生活感が出るのだと思います。ふわっと髪の毛が多くて、よく手入れされていると実際の年齢より若く見えますし、日常を大切にしているようにも見えます。女性は、歳をとったらお化粧より髪のお手入れが大切かもしれません。私の髪も、自分ではうまくセットできないので週に1度、美容院で丁寧にシャンプーとブローをしてもらっています。もう20年間同じところに通い続けているから、安心しておまかせしています。逆毛をこまかく立ててもらうと長持ちします。

美容院に行くと楽しみなのが、女性週刊誌のゴシップ記事を読むこと。ふだんは買いませんので。だれとだれがくっついたとか離れたとか、こんなことで大騒ぎしているなんて世の中ってヒマねとも思います。自分もこの歳でまだ好奇心たっぷりなのよ。どんな話題であれ、人と楽しくおしゃべりできるのは、いいこと。どこが痛い、どんな病気をしてる、なんて暗い顔しているより、よほど気持ちが活性化するのではないかしら。

そうそう、ヘアスタイルの話よね。じつは、最近、すごくいいモノを見つけてしまったの。

「ウイッグ」よ。

朝起きて、髪がぺったんこになっているときも、さっとかぶってしまえば、すぐに〝ばぁばヘア〟のできあがり。地毛と同じようにグレーの髪の毛だから、まったく違和感がないの。これがあれば、美容院に行く必要がなくなっちゃう。

でもね、女性週刊誌とおさらばするのは、ばぁばの小さな楽しみがなくなってしまうから、残念だわ。

自分が心地よくいられるよう好きな色を身に着けて

黒って、とても華やかな色なんです。キリッとした美人や背の高い方が黒の服を着るとパッと映えますでしょう。私は背も低くてぼんやり顔ですので、若い時分には黒が似合わない、着こなせないと思っていたの。

歳を重ねたら、黒は地味な色じゃなくて、派手な色。これは意外な発見でした。黒を着こなすときは、黒をさらに引き立てるようなおしゃれを心がけています。ヘアスタイルも白髪を生かしてボリュームを出します。赤い色の口紅をさして、メガネもアクセサリーがわりにおしゃれなものを。なるべく背筋を伸ばすようにしています。

ふだん身に着ける色は、うすいパープルかピンク。エプロンは何枚も持っていますが、どれも明るい色。お料理は楽しい気分で作らないと、おいしいお味になりません。自分が不機嫌の状態で作れば、雑な味になりますからね。最近では、エプロンをしないでお料理する方も多いのですって？　エプロンをすれば、洋服が汚れることが気になりませんから、調理に集中するためにもぜひ身に着けてもらいたいものですね。

余談ですが、エプロンでぬれた手を拭くのはおやめになったほうがいいわ。びしょびしょのエプロンは、美しくないわよ。手はミニタオルで拭くものです。エプロンにむすびひもでぶらさげて、ぬれるたびに拭き、1日が終わったら洗濯機にポイッ。安全ピンでとめてもいいですよ。エプロンはこまめに洗って、アイロンして身に着ける。最近はノーアイロンのものもありますね。

そんなことをお話ししたら、今の若い女性はハンカチも持たないんですって？

「先生、私、ティッシュしかバッグに入ってません」と言われたときには驚きましたわ。あなた、トイレに行って手を洗ったあとはどうなさるおつもり？　って聞いたら「自然乾燥させます」って、これまたびっくりしました。

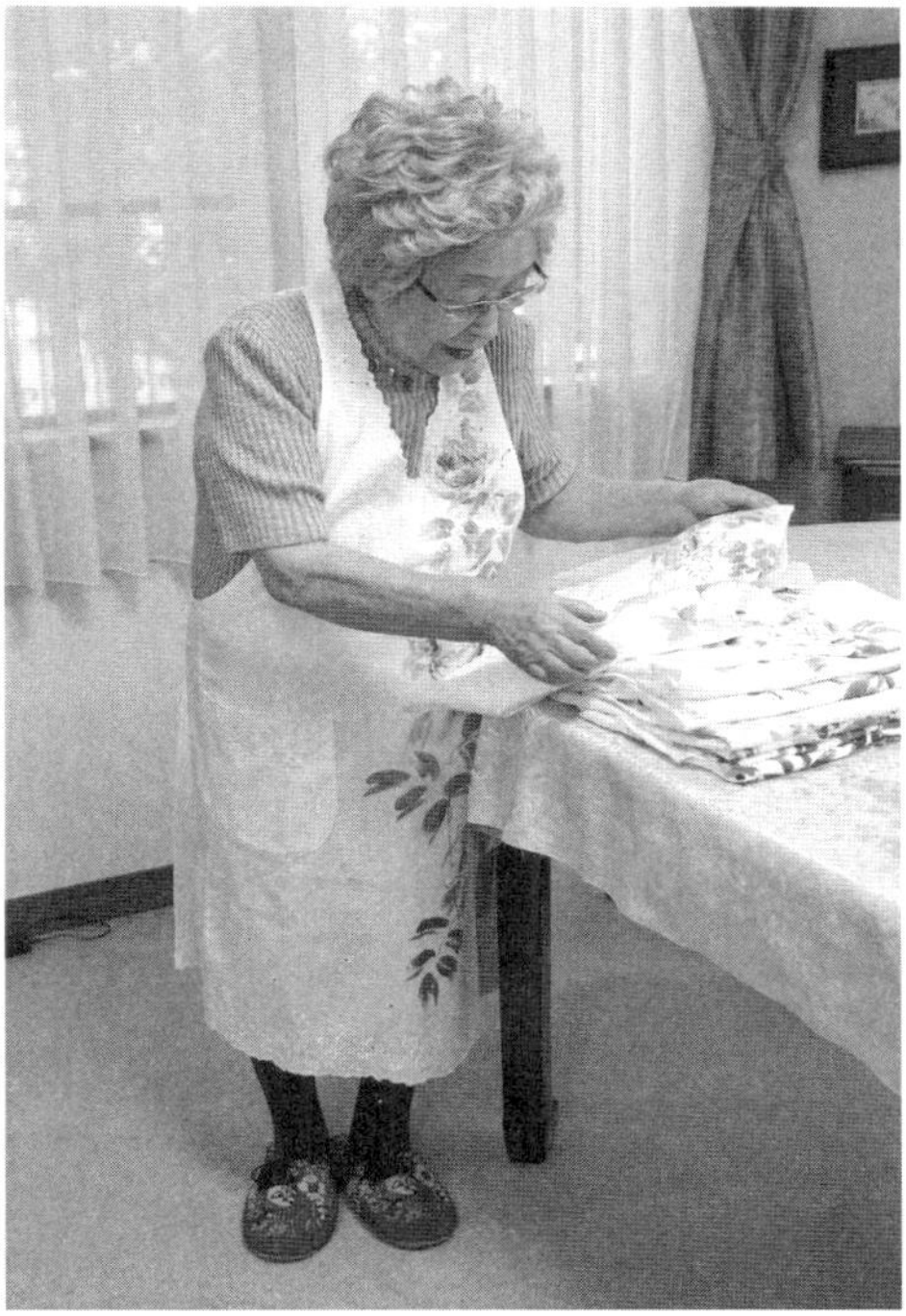

白地に季節の絵柄の
お気に入りのエプロン。
お料理を楽しく
おいしく作れます

「しなきゃいけない」と思う生き方は歳をとったらもうムリです

料理研究家ですが、透明感のあるマニキュアはします。なぜなら、歳が表れるのが指先だから。もともとの爪本来の色は、やっぱりくたびれちゃっていますよ。長く生きていますからね。そこで少し色を足してあげると、手全体がきれいに見えるのです。寒い季節と暑い季節には真っ赤なマニキュア。体がしんどい季節でも元気な色を見ると、気分がよくなりますから。春は桜色、秋は薄い紫。あとは気分で色を選びます。

気づいたときには手にもクリームを。とはいっても、ハンドクリームをぬるようなマメさは持ちあわせていないの。お化粧ついでに顔で余ったクリームを手にもぬる程度。なにごとも「しなきゃいけない」と思うのは、もう疲れました。

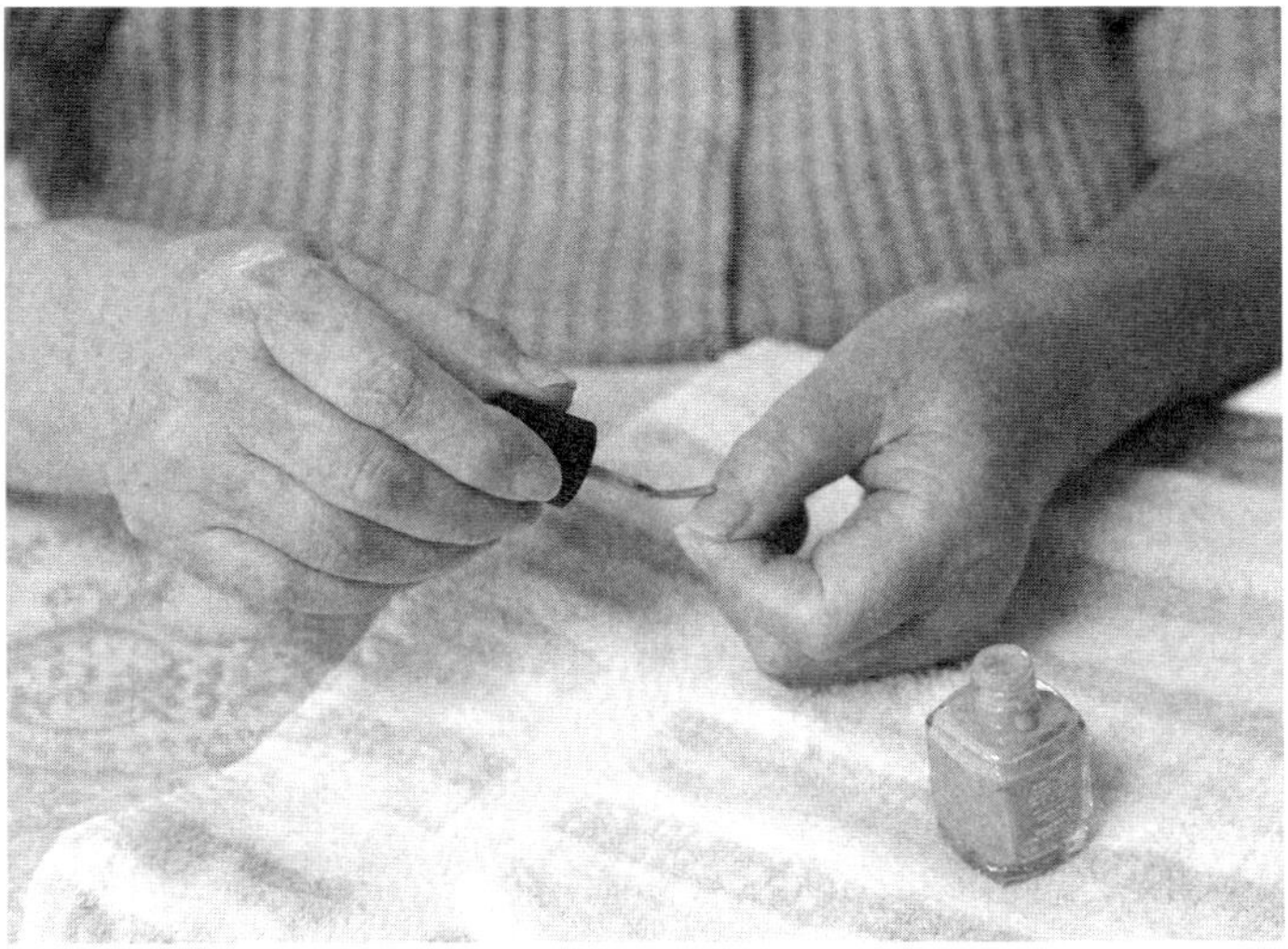

春は優しい桜色
夏と冬は鮮やかな赤。
いくつになっても
おしゃれ心を
忘れずに

毎朝の歯磨きと魚のおかげ？いくつになっても歯は大切

この年齢で虫歯もなければ入れ歯もない。子どもの時分から、虫歯になったことが１度もない、というと驚かれます。よほど珍しいのか、歯が丈夫なおばあさん、として企業のＣＭに使われたこともあるのよ(笑)。どんなお食事でもおいしく食べられて、今も健康なのは歯のおかげ。特別なことはなにもしていないのですけれどね。歯を磨くのも朝、１度だけ。不思議なことに骨も強くてね。転んでも骨折したことがないの。「なんでかしら？」と考えますと、やはり小さい頃からカルシウムをよくとっていたのよね。東北出身ですから、春になったらニシン。腹骨など気にせず骨ごと食べていました。あと、しょっちゅう食べていたのがイワシ。骨が多い魚

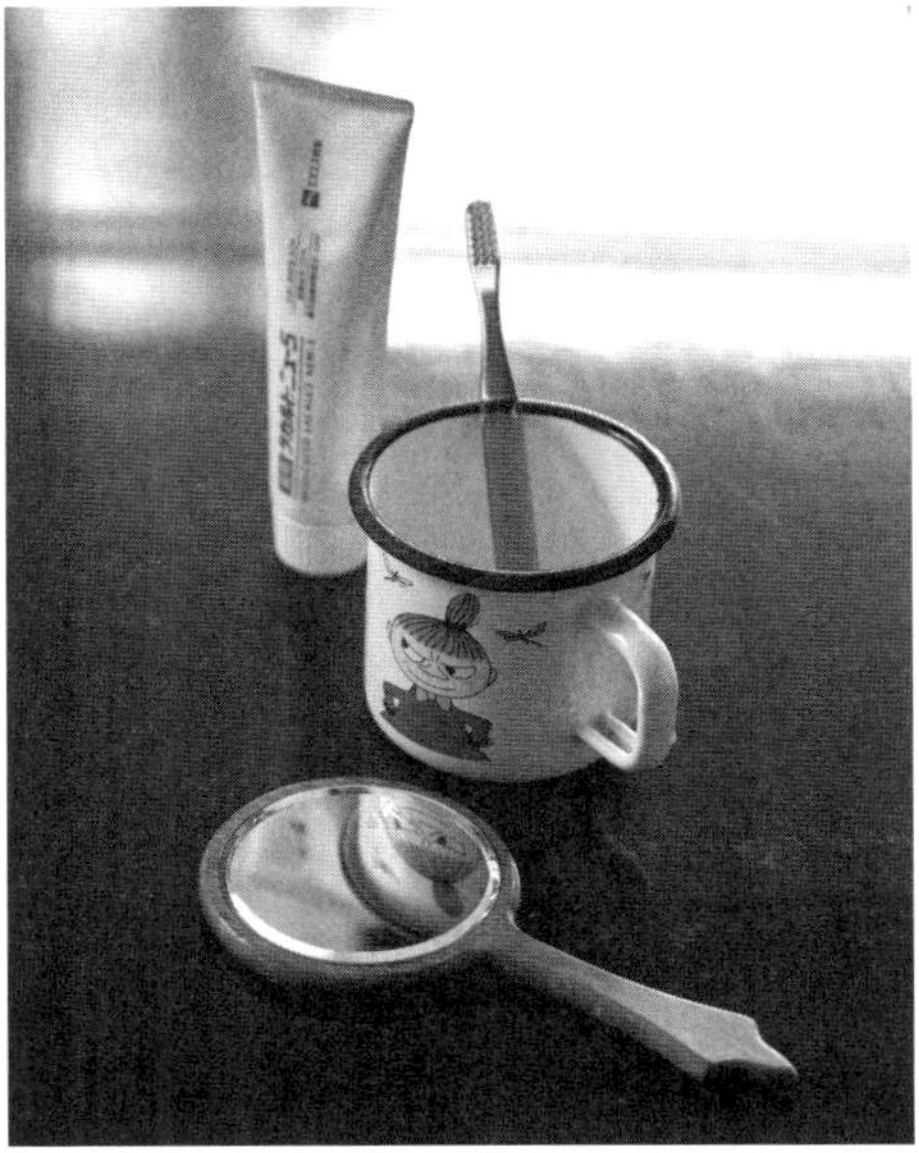

食いしん坊なので
歯も大切にしています。
歯磨きのあとは
長年愛用している
鏡でチェック

ですが、いちいち小骨を抜いていたら焼き魚が冷めておいしくなくなるので、まるごと食べていましたね。そして朝は、煮干しのだしのお味噌汁で、夜は魚のお吸い物というのが習慣でした。

牛乳を飲むような習慣はなかったけれど、こういうふうに魚が身近にある食生活で歯や骨が丈夫になったのではないかと思うのです。

これまで歯医者さんに行ったのは、親知らずを抜きに行ったときだけ。そのときもね、「出血があるから食事はしばらく控えてください」って言われたのに、「あらま。食欲のほうが大事だわ」とごはんをすぐに食べちゃったのを覚えています。

さすがにね、最近、ぐらついてきた歯があるんです。このあいだも、おせんべいを食べたら、前歯がグラッとしちゃって。でも、ぐっと押し込んで事なきを得ています。きっと、死ぬまでのあいだに、歯医者さんにお世話になることはないと思います。幸せなことです。

運動はケガのもと。ムリは禁物。がんばったらご褒美よね

昔から、運動を習慣にしたことはありません。日ごろから家事で体を動かしていたので、それがいい運動になっていたのではないかしら？　おかげでこの歳まで生きてこられているように思います。ただ若い頃から、ぽっちゃり型の体型ではありましたので、運動をしたほうがきっとよかったのでしょうけれど、とは思っております。食欲も旺盛でありますので、ダイエットをしたことはありません。つらいことはいやなのです。

近くの公園でもシニアの方が朝早くから、ウォーキングや体操をしているのを見かけます。健康ですばらしいことだと思いますが、もう私の歳では、外出すること

自体がケガのモトとなります。ステッキを持ちながら、人に手をつないでもらって体を支えているくらいですからね。そうとはいえ、家の中でずっと座りっぱなしのときは、さすがにまずいかしらと思い、踏み台昇降をしております。

長女の夫が頑丈な箱で踏み台昇降用の台を作ってくれて、そこに長女がお花のペイントをしてくれました。部屋の隅に置いていても一見、とてもおしゃれな箱にしか見えないものです。

廊下の手すりにしっかりつかまりながら、気づいたときに、ゆっくりと30〜50回。「1、2、3」と数をかぞえながら昇り降りをします。万が一倒れてしまってもすぐに助けを呼べるように、家族がいるときに行っています。

なんでも、ムリをしないのが信条。そして私はわがままだから、がんばったときにご褒美が欲しいのです。この踏み台昇降をがんばったら、この箱に隠しているお菓子をいただくの。おせんべいとかをこっそり(笑)。「糖尿病なのにまた食べた!」って娘に怒られない程度にはしているつもりよ。ばぁばの小さなお楽しみです。

気づいたときに踏み台昇降。
手すりを持ってムリをせず。
ないしょのご褒美はこの中よ(笑)

思い出があるものは捨てられません

今思うと、自分の人生でいちばん脂がのっていたのは、60代の頃。お料理の仕事が忙しくて、自分の年齢を感じる暇もありませんでした。「あれ、私も年寄りかしら？」と自覚し始めたのが90歳くらい。ちょっとしたところでつまずいて足元が危なくなってきましたね。年齢って足元から自覚するものじゃないかしら。

この歳になりますとね、移動に時間がかかりますから、モノの片づけというのがとにかく大変になるの。あっちから出し、こっちにしまい、っていう動作がめんどうになってきます。今は、終活という言葉があるでしょう。みなさん何歳くらいから考え始めるのかしら？　60歳くらいから？　いろんなものを捨てて処分する、ということでしょうが、始めるなら早いほうがいいわよ。歳をとるほどに、モノを捨てることが、できなくなってきますから。

まず、いるものといらないものに分けるということがめんどう。そして、捨てるのがめんどう。捨て方だって、燃えるもの、そうでないもの、引き取りに来てもらうものと、いろいろ分けなくてはいけないでしょう。捨てるのだって、ひと苦労よ。重いものが持てませんから。行政も、複雑なゴミの区分をなんとかしてもらいたいですね。年寄りには仕分けが複雑すぎます。何曜日に出しなさい、と言われても、「今日、何曜日だっけ？」と思い出せない人、きっといっぱいいますよ。そして、捨てられないまま、ゴミ屋敷になっていくのじゃないかしら。私もひとり暮らしをしていたなら、ゴミを近所に捨てにいくことすら負担になっていたと思います。

片づけって、体力と気力の両方がないとできないこと。歳をとると、それがしみじみと実感されます。

私も自分があの世にいったあとに、家族に迷惑をかけたくないですから、自分の持ち物を少し処分しなくては、と思っています。まずは、たくさんあったポーチ類を分けました。昔から、ポーチを集めるのが好きだったものですから。でも、そんなにポーチがあっても、もう旅行に行くわけでもないですし、2、3個あれば十分なので、ひ孫たちに持ち帰ってもらいました。

気になっているのは、洋服と器。

でもね、思い出があるものは、捨てられない。ムリに捨てようとすると、かえってストレスなのです。眺めているうちに、昔のことが思い出されて。思い出は、この歳になると大切です。将来にあまり希望が見いだせなくても、過去の楽しい記憶を振り返ることで、今を生きていけるのです。

だから、終活するもしないも、片づけするもしないも、自分の心のままでいいのかなと。

あと10歳若かったら、もう少しいさぎよく、いろいろなモノを処分できたかも、と思うのです。あら、言い訳じみているわね。

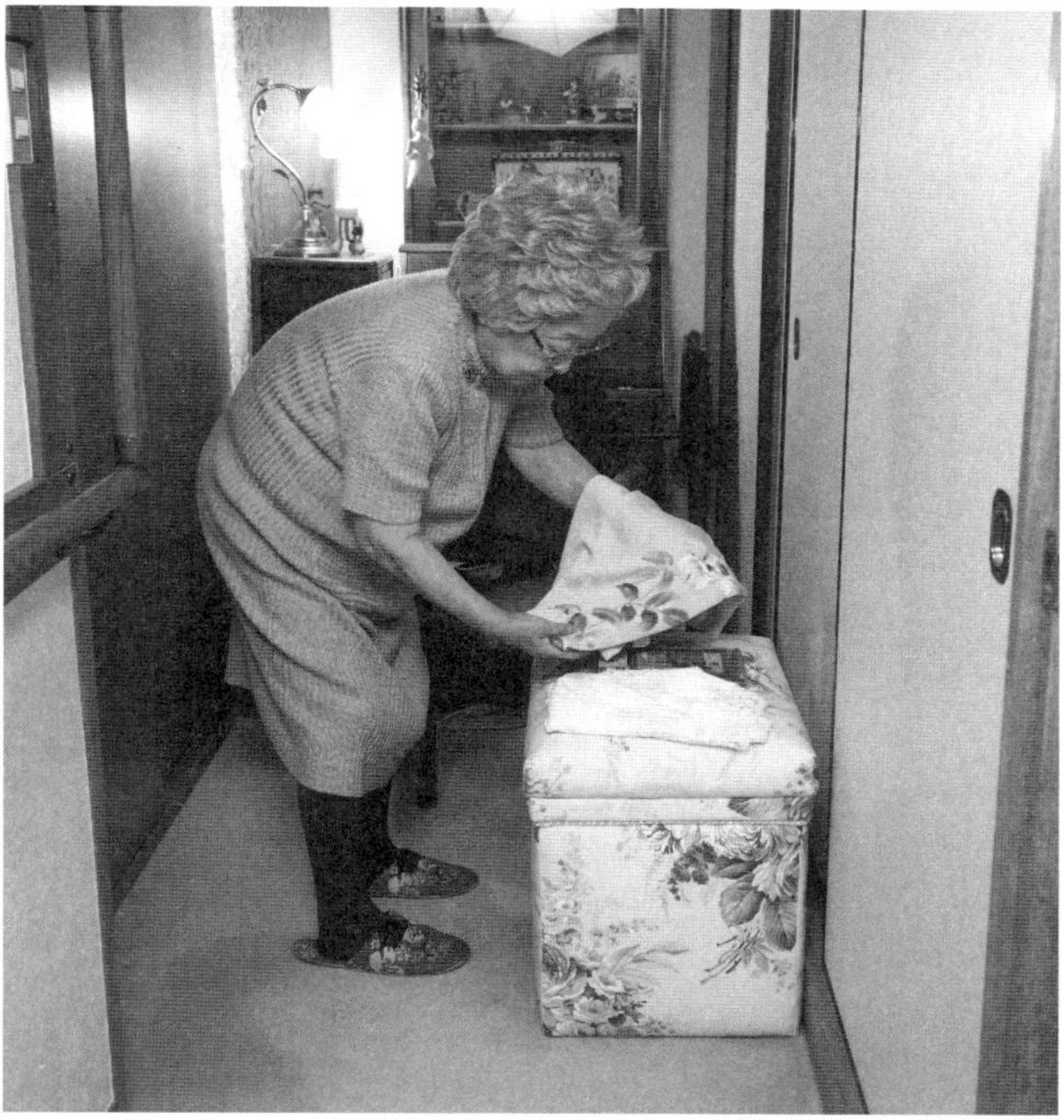

捨てられないものには
理由があるのよ。
価値のあるもの
そして
思い出のあるもの、ね

90歳を過ぎたら人間関係は気にしません

気ごころの知れた大事な人はひとりです。おいしいものを食べたり楽しくお話しをしている方。そういう方がいるのは、とてもありがたいものです。

人づきあいは、自分から求めるものではなく、あちらからやってくるもの。そんな心持ちで過ごしてまいりました。ただ、私に会いたい、お話したいと言ってくださる方との縁は大切にしたいと思っています。

今は、インターネットでみなさん、友達づくりに励んでいるのでしょう。ひっきりなしにメールをしてね。ＬＩＮＥっていうのも私、知っています。なぜなら、ばぁばの顔で作ったＬＩＮＥスタンプを発売したからよ(笑)。ああ、みなさんは、こ

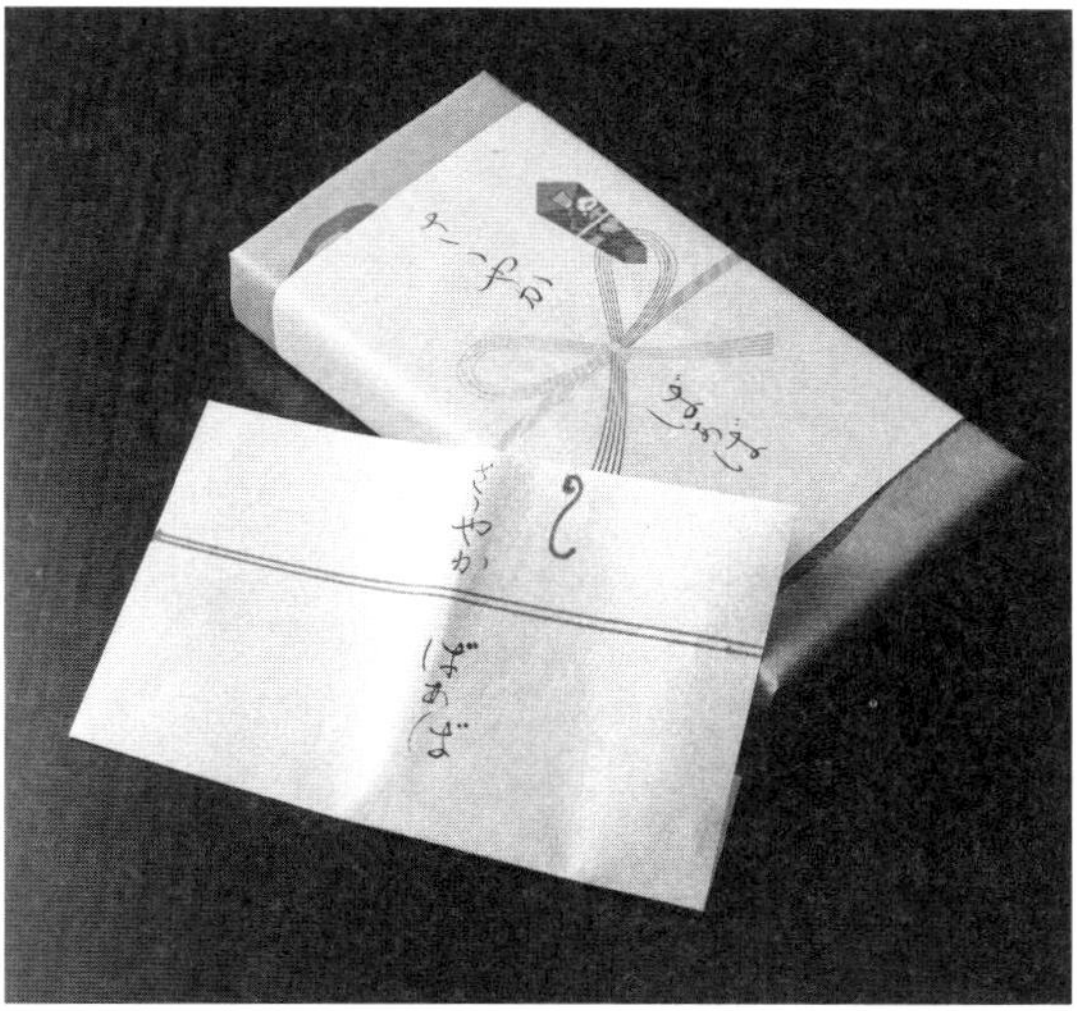

少ない人間関係を
大切に、円滑に。
お渡しする時は
手書きの「のし」に
気持ちを込めた
〝ささやか〟な贈り物が
ばぁばの習慣

ういうものを利用してやりとりするのね、と孫から教えてもらいましたの。

若いころは友達が大切で、家族ができれば家族の人間関係がいちばん大切。家庭をしっかり切り盛りしていたら、いくらあっても時間が足りなくて、友達づきあいを広げる余裕もなかなかないものです。そして子どもたちが巣立てば、夫婦の関係性が再度、深くなってきます。旅行したり、会話したり、忙しい子育ての時代にはあまりできなかったことを夫婦ふたりで楽しみました。

そして、90歳を過ぎた今は、友達とか人間関係なんて、気にしない。好かれようと、嫌われようと、どうでもいいじゃない、っていう心境です。お話ししていて「この人、ちょっと気が合わないかもしれない」と思ったら、昔だったらとりつくろっていたかもしれないけれど、今は、態度に正直に出てしまっていると思います。そうすると、相手も自然に遠のいていきます。それはそれでいいのよ。ばぁばの歳まで生きていますと、お友達だって老いて、この世からひとり、またひとりとおさらばしていきます。

年寄りは人にめんどうをかけるもの。不機嫌なときは、不機嫌なままで

年寄りは、人にめんどうをかけるものなのよ。それでいいのではないかしら？　若いときになにげなくできたことがもうできなくなるのは、世の常。老いたら若い人の世話になる。変に卑下することはないのです。偉そうにすることもないけれど、あるがままの自分でいればいいと思います。

歳をとったら、いつも機嫌のいい、みんなに好かれるかわいいおばあちゃんになりたいと思っていましたが、わがままな性分でしたのでむずかしかった。お料理教室にお手伝いに来てくれるアシスタントの手際が悪いと、嫌味のひとつも言いたくなりますし、おなかがすいてくると、ムスッとしてきます。食材を仕入れるスーパ

ーの担当者の対応が悪いと、キーッともなりますしね。それも全部、隠さないのよ。嫌なばぁさんだと思われたってかまわない。気難しいと思われて離れていくなら仕方がない。

歳をとったらわがままはいかん、若い人に嫌われたらいかん、と思う必要はないのですよ。残りの人生を自由に生きてストレスを溜めないこと。それを今、実行しないで、いつするのです？

これ、ばぁばの
LINEスタンプよ。
ぜひ購入して
日ごろのコミュニケーションに
ご活用くださいね(笑)

めんどうくさいことは全部やめました。でも好きなことでは手抜きをしません

歳をとって「めんどう」なことはどんどんやめていきました。私の健康を案じていろいろな方が体にいいサプリメントや栄養補助食品をくださるのですが、なんだか味気なくてね。１日に何回摂取しなさいとか決められている時点ですでにめんどう。そんなの持病薬だけで十分よ。それに食材自体を食べたほうが、おいしいに決まってますでしょう。サプリメントを摂取してまで、長生きしたいと思わないわ。

あと、「これを食べたほうが体にいいですよ」とか言われるのも、好きじゃない。そのときどきで、自分の好きなものを食べたいですから。自分の体や体調が欲しているものを食べるのが、自然の摂理に合ってますし、健康維持に大切なのだと思い

ます。

肌のお手入れもやったことがありません。お世辞かもしれないけれど、よく肌がきれいねって言われますが、たいしたことはしていません。シミを隠す程度におしろいをぬって毎日5分もあればおしまい。高級な化粧品なんて、この歳になったらいりません。よく食べてよく寝る。そして便秘をしない。これ以上、肌にいいことがあるかしら?

お金の管理も、ザルなの。毎月、赤字にならなければけっこう、くらいにしか意識してません。贅沢をしなければなんとか暮らしていけますから、家計簿をつけたりすべてのレシートをとっておいたりなど、こまかい管理はしていないのです。これまでの人生経験があるので、金銭感覚が大きく狂うこともありませんしね。「お金は遺らないよ」と家族に言っているので、とっても気がラクなんです。

大変そうなお仕事も、わざわざ引き受けないの。自分に難しそうだわ、と思ったら、相手にも迷惑がかかっちゃうことだし、欲をかかないくらいでちょうどいいわ。

受けた以上はちゃんとやろうと思いますが、スケジュールがきついときは「ちょっと、ご相談してもいいかしら」って。自分のなかで「なんだか、めんどくさい。あとまわしにしたい」と思うスイッチが入らないうちに、早めに対処するように心がけています。

自分がやりたくないことは、しない。振り返るとそんな人生でしたね。お勉強はできなかったけれど、お料理は性に合っていたのです。母として妻としての暮らしを楽しんでいたら、お料理の仕事が始まって夢中になりました。お料理しか、得意なものがなかったのです。ていねいに材料を仕込むこと、分量を計ること、繊細に盛りつけること。お料理はおいしいものを作ろうとすれば、手間がかかります。やった分だけ味に反映されて、食べた人に喜ばれる。こんなにやりがいがあることはない、と思って過ごしてきました。

電子辞書は知恵の泉。シニアには本当に便利な機械よ

人とお話ししたり、テレビを見ているとき、「あれ、どんな言葉の意味だっけ?」と思うこと、ありますでしょう。そんなときの私の助っ人は、電子辞書です。手元にあるものは、もう3代目。どんどん進化していますからね、バージョンアップしているものをそばに置いておきたいのです。

パソコンやスマホは使いませんが、電子辞書とはなぜだかなじみがいいんです。使い方がシンプルだからかしらね。電子辞書って、いろんな機能があるのをご存じかしら? いろんな辞典も事典も入っているから知らない言葉の意味も漢字も、一般常識も、調べてぜんぶわかるのよ。もう少し若かったら英語もこれで勉強できた

かもしれないと思います。

「あれ、なんだった？」って考える暇があれば、電子辞書をぱっと取り出して調べるほうが時間の短縮。シニアには、本当に便利な機械だと思います。こまかい字を見るのがつらくなってきましたから、電子辞書の大きな文字の表示には助かっています。

うちの若いお弟子さんたちがまちがった言葉を使ったときにも「あなた、日本語を知らないわね。電子辞書をお引きなさいな」って、小言まじりで薦めているくらいです。

立て続けのがん宣告も闘うのではなく、共存して……

こうして元気に暮らしておりますが、87歳のときに大腸がん、89歳で肝臓がんが見つかったのです。肝臓がんのときは、数か所も見つかりました。特殊なハリを肝臓に刺して、がんを焼き切る「ラジオ波焼灼療法」というものを受けました。肝臓がんは再発しやすいので、今でも1年に1度は入院して検査と治療を受けています。

その肝臓の検査で入院しているとき、91歳でしたけれども、心臓発作を起こしました。このときは、おそろしかった。モノを拾おうとしたら、なにか心臓にぐっときて。ラッキーだったのは病院で倒れたこと。すぐに緊急手術を受けられましたから。心臓の血管の3本のうちの1本が詰まったので、拡げる治療を受けられたのです。自分でも強運と思いましたね。

93歳の春にも1週間の検査入院をしました。いつもは小さな個室をお願いするのですが、今回はたまたますばらしいグレードのお部屋に入ることになりました。応接セットや食器棚があって窓から富士山が見えました。それでもやっぱり、自宅がいい。こそこそおやつを食べるのは、居心地が悪くって。早く帰してもらえないかしら、と思いました。

入院中は体が動かせなくて退屈。そんなときは、担当の先生や看護師さんにあだなをつけてみるのよ。あの看護師さんは、意地悪だから、魔女って心の中で呼ぼうとかね(笑)。

抗がん剤の副作用で気分が悪いときも、頭の角度をいろいろ変えてみたり、おなかに手を当てて「具合がよくなれ」って念じてみたり。今日の病院食はなにかしらって気をまぎらわせてみたり。痛い、つらいって泣き言を言うようなことはあまりないですね。泣き言を言ったところでよくならないですから。ちなみに入退院時は家族総出で出迎えてくれるのですが、ごちそうを用意してくれるから、つい食べすぎちゃって。糖分も塩分も控えないといけないのにね。ありがたいけれど、悩ましいことです。

立て続けにがんを宣告されましたが、それほど恐怖というものはありませんでした。自分の体内にできるものは、自分の一部。交通事故とかとちがって、病気で死ぬのはある意味、寿命ですから。「来るときが来たのかしら、苦しみたくないわね」くらいにしか思いませんでした。今も体のなかにがん細胞が残っていて、やっつけたと思ったらまた出てくる。私の体力がどこまでがん細胞を抑え込めるか、根競べをしているようなものなのでしょうが、闘っているというより共存しているという感じでしょうか。もうしばらくは生きていたいから、あなたたちがん細胞も、おとなしくしておいてくれない？　そんなふうに思っています。

病気をしても食べ物の好みは変わりません。お肉が大好物なの。もちろん、魚や野菜などまんべんなく食べますが、元気が出るのはお肉。１週間で１、２回、１００

グラムくらいはいただくかな。歳をとっても食べやすいのは、やわらかいラム肉です。鉄分やビタミン類が豊富で脂肪が少ないし、もたれない。骨付きのラム肉を両面に塩こしょうをしてお酒とおしょうゆにつけ、小麦粉をふってこんがり焼いたものが好きです。お歳をめした方も、お肉は積極的に食べたほうがよろしいかと思います。歳をとると筋肉が落ちてきますから、動物性のたんぱく質と植物性のたんぱく質をバランスよくとったほうがよいようです。お肉は調理する前にすじをとったり、うす切りにして食べやすくするといいですね。

植物性のたんぱく質は厚揚げ、豆腐をいただきたいものです。身近な食材を自分で工夫して食べようと思う、毎日の心がけ。その積み重ねで健康が作られていくのだと思います。

「ありがとう」を伝えるのは年寄りの務め。毒づくときはひっそりと

歳をとるとは、周りの世話になるということです。今の私は、手間をかけさせてばっかり。若い時分のような動きはできなくなりました。歩いても思いどおりの方向に進まないこともあります。みなさんには歩みが止まらないこともあるなんて想像できないでしょう？　年々、不自由さも増えていきます。

同居の家族には、ことあるごとに「ありがとう」。タクシーの運転手さんにも「ありがとう」。配達業者の人にも「ありがとう」。何かしていただくごとに、感謝を伝えることが年寄りの務め、と思っています。照れくさい？　めんどくさい？　そう思うなら、形からでいいのですよ。気持ちがこもってなくても、「ありがとう」、と

口から出してみれば、本当にありがたく思うようになりますから。「ありがとう」って言っておけばまちがいない。でも、どうにもこうにも気持ちがおさまらないときがあります。感謝したくもないけどそう言わざるをえない場合とか。そういうときは、ひとりで「なによ！」「うるさいわね」なんてぶつぶつ独りごとを言ってるわ。「足手まといでごめんなさいね」って毒づくときはひっそりね。そうして〝心のガス抜き〟をするんです。

本音でも建て前でも、「お礼ばかり」「人に頼ってばかり」の図々しいばぁさんでは嫌われます。体が動くうちは、できることは自分でします。朝起きたら、ベッドメイキング。寝ているときに、私、よくよだれを垂らしているみたいで、それを家族に見られたくないから、自分でやっているというのもあるわね。よだれ、って言うとなんとなく不潔だから、私は「およだ」って言ってる。あら、今日も、およだがたくさん出ちゃったわ、夢の中でなにか食べていたのかしら？　と思ったり、よだれなんて赤ちゃんになった気分だわと思ったり。でも、ずいぶんとかわいくない赤ちゃんね。

お洗濯も自分の下着くらいは自分でやりたいと思います。ただ、こういった家事もやりすぎると、それはそれで家族に迷惑がかかるみたい。おぼつかない足元でうろつきまわられると、家族もひやひやするんですって。「座っていてください。食器洗いは、食器洗い乾燥機がやりますから、よけいなことしないで」なんて怒られちゃう。

たくさんの感謝と少しの遠慮。

歳をとったらこの2つが大切なんだと思うわ。あんばいがむずかしいけれどね。

使い終わったきれいな
空きビンを集めるのが好き。
「なかになにを入れようかしら。
乾物？　お漬物？」
自分ができる
小さなことを
日々、大切に

90歳を過ぎて暮らす今も玄関は「お客さまファースト」

ひとり暮らしのときにも、なるべく小ぎれいに暮らしていたつもりでしたが、部屋じゅうピカピカかというと、そうでもありませんでした。ひとりでできる掃除には限界がありました。それでもいつもきれいにしようと思っていたのは、〝玄関〟です。玄関は家の顔であり、わが家の印象を即座に決めてしまいます。〝ひとり暮らしの年寄りの気のゆるみ〟が見えてしまわないよう、「いつだれが来てもいいように」と心がけてきました。

お客さまがお見えになるのがあらかじめわかっている場合は、スリッパを用意して玄関と廊下を明るくしておきます。マンションは昼間でも薄暗いですから、そこをお客さまが通るのはいただけません。自分の靴は靴箱にしまっておき、たたきには出しておかないこと。靴箱の上は新聞紙や手紙を置いたりして雑にしておかず、季節の花でも飾ってスッキリさせます。傘も出しっぱなしにせず、きちんと傘入れに。「あるべきところにあるべきものがある」それを心がけていました。

90歳を過ぎて暮らす今の家でも、「お客さまファースト」の玄関。お料理教室の生徒さんには、長いブーツで来る方もいますから、手ごろな椅子を置いて脱ぎ履きに使ってもらっていますし、コートかけを用意して自由に使ってもらえるようにしています。

玄関に入るときのお客さまのマナーにも驚くことがあります。

夏場だと、素足でいらっしゃる方。人の家のスリッパに直接、素足を入れるなんて失礼ですよ。それと、脱いだ靴をそろえない方。コートを着たまま玄関をおあがりになる方。

招かれる側、招く側、お互いの第一印象が決まる玄関を、これから家庭を持つ女性たちには「大切にしてくださいね」とお伝えしたいのです。

次にやりたいことを考えるだけで暮らしにハリが出ます

歳だから、といって先のばしにしたら、いつまでも「そのとき」はやってきません。90歳を過ぎるまで生きてみて、そんなことがようやくわかるようになってきました。

したいことは、したいときにしかできません。「旅行に行きたいわ、体が動けるうちに」と思っても、来年のことはどうなるかわからないでしょう。動ける今、行くのですよ。そしてもし、今やってみたいお仕事があるなら、少しの行動をおこしてみるとよいと思います。待っていても一歩は踏み出せません。

この歳になってみても、将来の夢はあります。外国の方に和食を教えてみたいですね。実際にはむずかしいですが外国に行って教えてみたい。もしかすると日本にいる外国の方に教えるチャンスがめぐってくるかもしれません。

そんな大きな夢、でなくても、〝明日やりたいこと〟、〝来月やりたいこと〟を考えることで、暮らしにハリが出てきます。髪を切ってリフレッシュする、疎遠だったお友達にお手紙でも書いてみるなど「やってみたいけれど、実現していないこと」は意外と多いものです。家にいて、「つまんないわ」「ただ歳をとっていくだけなのかな」などと思うより、すぐにできそうなことを書き出して、〝まずはひとつ、やってみる〟ほうが楽しい気分で生きていけます。

あの世のお迎えが来ても困らぬよう、身じたくは前もって

この歳になって「あわててなにかをする」というのは、命取りになりかねないことだと思っています。靴下をはくにも、今まで片足で立ったままはけたものが、ソファに腰かけて体を曲げないとはけない。すべてにおいて時間がかかるようになりました。あせったり、あわててしまうと家の中でさえ、つまずいたり、階段を踏み外したり、心臓がバクバクしたりとロクなことになりません。老人の転倒事故は、外よりも家の中のほうが圧倒的に多いというじゃありませんか。先日は、はきなれているはずのスリッパで、つまずきそうになりました。あわてると、忘れ物もしやすくなり、人様に迷惑をかけてしまいます。

予定があるときは前もって準備を入念にするのが習慣。翌日に着る洋服は、前の晩からお決まりの場所にセットしておきます。

朝起きたら、その日の行動をイメージ。出かける30分前には身じたくが終わっていると安心できます。こうして段取りができるということは、頭も心もまだまだ大丈夫かしらと思っています。時間の感覚をつかめて、動けるということですからね。

外出から戻ってきたあとも、脱ぎっぱなしということはなく、洗うもの、たんすにしまうものなどと分け、身なりの整理をします。そうすると、夜のくつろぎタイムが増えて疲れもしっかりとれます。「やりたくないからあとまわし」と思うと、そのときはラクに思いますが、結局はツケが回ってくるので、効率的な時間の使い方ではありません。「おっくう」と思うこともありますが、そこは、「えいっ」と手と体を動かすこと。もともとせっかちな性分なのかもしれません。

脱ぎっぱなしのストッキングが床に転がったまま、あの世のお迎えが来ても困りますしね。

これはなつかしい
パパの帽子。
私の帽子はね、
「ウィッグ」よ(笑)

二章

伝え遺したい「和の心」

〜大切にしてきた、ばぁばの生活習慣〜

モノを大事にいたしましょう

小さい頃、近所へのお届けものの役はいつも私でした。料理上手な母が、おはぎやお雛様のちらし寿司、太巻きを作ってきれいにお重に並べたものを、私がお届けに行くのです。母から口上を伝えられ、それを覚えて届けるように命じられますから責任重大です。

「初物がありましたのでお届けします」

「本日はお雛様のちらし寿司をお持ちいたしました」

言いつかったことを忘れないようにブツブツとつぶやきながら、大きなお重を持って歩きます。お重は必ず風呂敷に包まれていて、その風呂敷の持ち方や歩き方もていねいに教えられました。

「必ず結び目を右手で押さえつつ、左手でかかえて持ちなさい。かかえるだけだと、少しでも人にぶつかったら落ちてしまいますからね」

お重は塗りものですから、落としでもしたらすぐにヒビが入ってしまいます。見た目は大丈夫でも、見えないところにヒビが入ることもあるのだと、母はいつも言っていました。

大事なものは、大事に扱う。そんな当たり前のことを、教えてもらう機会がないのではと、最近の若い方を見て思います。

子どもでも、役目を与えられることはやりがいを感じます。親からきちんと教えられれば、大切に役目を果たそうと頑張るものですよ。

なんとか無事にたどり着いてお渡しし、覚えてきた口上をお伝えすると、お重の中身を他の器に移し替えてお重を返してくださいます。そのときにはなにかしらの心づかいをしてくださったものです。そしてまた、向こうさんからの口上を忘れないようにブツブツと繰り返しつぶやきながら帰ってきます。

家に戻って口上を伝えたあと、「向こうで使っていたお菜箸がすてきだった」と母に伝えると、「どんなところがすてきだったの」とたずねられ、「とてもきれいで長いお菜箸を使っていたわ」と言うと、「どこで買ったのかしらね」とふたりで探しに行くこともありました。

あるお届けものの帰り道、バス停で風呂敷をきちんと持って並んでいたら、「あんださん、ごきょうだいの何番目さんでごわんす（あなたは何番目ですか）」と聞かれ、すぐに縁談のお話が来たこともあります。きっと、その風呂敷包みの持ち方が良かったのでしょう。そのときは母が「上にまだふたりおりゃんす（おります）」と言ってお断りしました。

母からのお使いごとで、いろいろなことを覚えることができました。こんなふうにお届け物をするときのお作法、ご挨拶の仕方、風呂敷の持ち方、なにかを頂いたときにはお返しをすること。そうしたことが自然に身についたのは、そういう時代だったからなのだと思います。

母は岩手の山深いところの宿屋の娘で、お料理も縫い物も得意な人でした。家事のこまやかな知恵を持ち、自分なりに工夫を凝らす人でした。

私は母が42歳のときの子どもで、いつも母のそばを離れませんでした。母も生きているうちにできの悪い末娘をなんとかしようと考えたのでしょう。家のことやお客様のおもてなしに関して、厳しくしつけられました。素足でお客様の前に出てはいけないなど、こまやかな気配りやさりげない心配りは母の教えです。

母のお料理はどれもおいしく、見た目も美しかったです。どんなお料理を見ても、まるで絵のようだと思ったものです。私の盛りつけは、母のお料理を見て覚えたところが大きいと思います。この歳になっても、まだ追いつきません。

お料理を盛る器にもこだわりがありました。白磁や京焼、清水焼、九谷焼など、薄手のものを好んで使いました。季節ごとに器を入れ替えていたことも覚えています。

瀬戸物屋さんや呉服屋さんに買い物に行くときも、私はついて歩いていました。

小さな頃は瀬戸物を見てもおもしろくありませんから、店先の布袋様のお腹やツルツル頭を撫でて遊んだものです。呉服屋さんでは、店の土間のところにある長い火鉢の火を眺めながら、母の買い物を待っていた記憶があります。

母のそばにぴったりとついていると、自然と味見をする機会も多くなります。作っている途中で味見をすることもありますし、父のところへ酒の肴を運んでいきますと、「あ～んしなさい」と言われ、ひと口もらいました。そのようにして、下ごしらえから調理の手順、器の選び方、盛りつけや見た目、味つけも香りもすべて、繰り返し学ぶことができたのです。その「繰り返し」ということが、なにかをおぼえるうえでとても大切だと思うのです。

段取りこそが、暮らしの知恵

たとえば、夕食に小松菜をゆでたとき、母はすべてを使い切らず、1〜2株残していました。そうすると、翌朝の油揚げとわかめのお味噌汁に、小松菜を刻んでパッと散らすことができます。青い色どりが少しあるだけで、いちだんとおいしく、鮮やかになるのです。

朝の忙しいときに小松菜を1把だけゆでるのは大変ですが、下ごしらえの段階で少し取り分けておくだけで効率良く、魅力的な演出ができます。手間を省き、見た目も味も栄養のバランスも、良くすることができます。忙しいからこそ生まれた「母の知恵」ですね。

また、昔は今のように、水道をひねればお湯が出てくる時代ではありませんでした。まずなによりも先にかまどに火をつけてお湯を焚きました。

寒い冬には、水にそのお湯を足し、効率的に洗い物をしていました。まず、沸かしたお湯をひしゃくで汲み取り、流しのところに置いた大きな桶3つのうちのひとつに、一番新しいお湯を入れます。最初の桶では、汚れを落とし、二番目のお湯はすすぎに使う。そして一番目のお湯が汚れてきたら二番目の桶のお湯を入れ替える。ムダのない動きに、「なるほどな」と思ったものです。大切なお湯をどうすれば何度も使えるかと考えた結果のシステムなのです。

沸かしたてのお湯で、お布巾の四隅を持ち、桶の中に入れて振りながら熱湯消毒をしている様子も、見慣れた風景でした。

毎日の経験の中で生まれるささやかな知恵。理にかない、参考になることばかりでした。

暮らしに「お茶の時間」という小休止をうちましょう

茶櫃《ちゃびつ》は、昔、どこの家庭にもありました。なかにお湯飲みと急須、茶入れや茶箕《ちゃみ》、茶筒などを用意してセットしておく蓋つきの入れものです。今でも旅館などに行くと目にすることがあるでしょう。

結婚したのは終戦間もない頃でしたから、お嫁入り道具のかわりにと、実家から譲り受けたものがこの茶櫃です。津軽塗のものですが、あまりにも手間をかけているため、馬鹿塗とも呼ばれています。

お食事をするとき、すぐそばに茶櫃を用意しておけば、食後すぐにお茶の支度ができます。何度も立ち上がったりガタガタすることを母は嫌いましたし、みんなそろってその場でお茶をいただき、「ごちそうさま」ができると話も弾みます。

私の茶櫃には、今でも私のお湯飲みの横に夫のお湯飲みも置いてあります。九谷焼の窯元のもので、染付けのとても作りが良いものです。雑誌の取材で、ふたりでその作家先生を訪れたこともあるのはなつかしい思い出。

今でもお茶を飲むたびに夫のお湯飲みを目にしますから、私といっしょに夫も隣に座ってお茶を飲んでいるような気分になります。

「今日はこんなことがあったわ」

「今日のお料理は、とてもおいしくできたのよ」

そんなふうに、静かに心で語りかけるのです。とても大切な時間。

今のご家庭では食後、ゆっくり家族でお茶を飲むことはないのではありませんか？　食べたら各自がテレビを見たりスマホを見たりとバラバラ。食事の余韻もなく、母親はすぐにあと片づけ。

あわただしい生活に食後のお茶の時間という小休止を入れてみてはいかがでしょう。家族でいっしょにいられる時間は思いのほか、そう、長くはないのですから。

私がいつかあの世にいったときには、ふたりのお湯飲みをいっしょに、娘たちが処分してくれれば良いと思っています。

食卓の近くに
茶櫃を用意して
家族団らんの
ひとときを

煙草でひといき、は忙しかった頃のリフレッシュ法

子宮筋腫の手術をした40代の頃、なぜか煙草が吸いたくなってしばらく吸っていました。お部屋で原稿を書いたり、考え事をしたりするときに、ミントの香りで細巻きの軽い煙草をひと口だけ吸って香りを楽しんでいました。

煙草を吸うと、不思議ととても落ち着いた気分になったものです。

母も煙草を楽しみました。煙草を買いに行くのは私の役目でした。煙管の先に刻み煙草を詰めて火をつけて、何も言わずにフーッと煙を吐く母の横顔を見ていたことを思い出します。

がんが見つかって、先生に「吸わない方がいいですよ」と言われてからはパタリ

とやめましたが、つい先日、お客さまが家に残した忘れ物の煙草を見つけて数年ぶりに火をつけてみました。なんだか懐かしい香りでおいしかったです。

そうしたら、次の日、捨てておいた吸殻が娘に見つかったようで、ゴミ箱から拾われて私が見えるところにポツンと出されていました。とんだ不良ばぁさんと思われたのでしょうね。

私も娘も、もういい大人ですから、お互い知らん顔で何も言いませんでしたが、「私の体を心配してくれているのね」と思って、それからは吸わないようにしています。

夫とふたりで
煙草を楽しんだことを
思い出します。
忙しい暮らしでも
ひといきつける時間は大切

ご挨拶とお辞儀は人間関係の当たり前です

日本人から奥ゆかしさや他人への思いやりが減っていると思います。相手に不快感を与えても、なんとも思わない。自分さえよければいいというのかしら。細い道を歩くとき、前方から人が来るのがわかりましたら、私はその方が通り過ぎるまで待っております。太っちょであることもありますが、すれ違うときに相手と触れそうになるのは、みっともないこと。一歩ひいて、相手に道をおゆずりする。すれ違うときは軽く目礼しあう。「私が、自分が」と主張しないたおやかさが、失われているように思うのです。

お料理教室に来る女性たちにも、こんにちは、と挨拶はするけれど、目も合わせない方がいらっしゃる。そのあと、すぐにご自分のスマホを凝視(笑)。人間とちゃんと目を合わせないとダメよ。そして、お辞儀をされる方は、さらに稀少。首をかくんて下げるだけ。腰を折って頭を下げるのが、お辞儀というものです。相手を大切に思うという気持ちを入れるのが、ご挨拶とお辞儀の意味です。

最近では、私よりうんとお若い50代とか60代の方でも、できる方は少なくなっているように思います。めんどくさい？　恥ずかしい？　そんな方たちからしつけられた、さらにその下の世代は、どう育っているのかしら。私から見ると、昔の日本人らしさを持っているのは、もう70歳以上の方たちね。

ひとりで暮らしていると、人との出会いや会話が少なくなります。何も、家族や友達だけが人間関係ではないのですから、外出したときにお世話になる店員さんとかタクシーの運転手さん、家に配達に来てくれる業者さんとも、心のこもったご挨拶をかわしたいもの。

歳をとったら仏頂面、口から出るのは「おっくう」「疲れた」では、だれも近寄ってきません。せめて相手に不愉快な思いをさせない存在でいたいと思います。

自分の取り得に気づくということ

私が初めて東京へ来たのは、お嫁に来た昭和22年のことです。当時はまだ戦後の混乱の最中《さなか》で、夫が八戸まで迎えに来てくれました。八戸から混み合う列車に無理やりに乗り込んで、14時間ほどかけて東京へやってきました。

日暮里に到着したときにはとても悲しい気持ちになっていました。「日の暮れる里」とは、なんて悲しい駅名なのでしょうと涙がこぼれました。同居することになった夫の姉が住んでいた大森は、あたり一面焼け野原です。高台に焼け残った赤い屋根の家が見え、夫があそこだよと教えてくれました。それまで暗い気持ちでしたが、ようやくたどり着いた家には、すばらしいお台所がありました。

青森の田舎から出てきたので、洋風の調理台を見て驚いたのです。流しには銅《あか》が貼ってあり、キッチンの真ん中に調理台、横には素敵なつくりつけの食器棚があり、栓をひねれば水道が出てきたのには驚きました。

お義姉さんは目鼻立ちがはっきりしていてエキゾチックなお顔つき。婦人団体の「友の会」に入っており、お料理もとてもお上手でした。

青森と東京の違い、それぞれの家の生活習慣の違いがありますから、私はお義姉さんにひとつずつ教えてもらいながら、一生懸命言われたとおりに家事をきりもりしました。

闇市で食材を調達することも大変でしたが、だんだんと落ち着いて食材が手に入るようになると、姉は私が今まで見たことのないような、洋食の「ムニエル」を教えてくれました。緊張もありながら、新しく知ることすべてにワクワクして過ごしていた時代です。

結婚して初めてのお正月、夜遅くまでおせちの準備をしていると、夫がふいに「楽しいかい？」と声をかけてきました。「楽しいわよ——」とすぐに答えました。それまであまり自覚していなかったのですが、そのひと言が、「お料理をしているとき、私は楽しそうにしているのね」と気づかせてくれたのです。

これまで得意なものはなかった。けれどお料理をしているときにこそ、自分が心から楽しめて、自分らしくいられているのかもしれない。そう気づけたことが人生の転機となったのです。勉強でも職業でもない、ふだんの暮らしのなかに人に誇れるものがあったなんて！　どう転ぶかわからないのが人の一生です。

今までこうしてお料理を続けることができたのは、あの夫のひと言があったからかもしれません。

子育ては心身ともに健康なことを

私が子育てをした時代は、豊かではないけれど、とても暮らしよい時代だったと思います。戦争も終わり、平和な世の中でした。

贅沢をすることはなく、四季折々の食材を使ってお料理を作り、家で食事をすることが当たり前の時代。外食することもほとんどありませんでしたし、家でいただくお食事がいちばん、と思っていました。

旬のものを家庭でいただいている分には、そんなにお金もかかりません。分に過ぎた上の暮らしを見ることもなく、毎日を大切に暮らしていました。

今のように小さなうちから子どもを連れてランチに出かけることもありませんで

した。小さな子どもがいるときは、走り回ってはいけないレストランではなく、思い切り走り回れる公園に出かけました。子どもたちの好きなおにぎりやちまきを作って、水筒にお茶を入れ、自然のたくさんあるところに行くことが楽しみでした。

今は、夜遅い時間に子どもが歩いているので驚くことがあります。塾の帰りなのですってね。いつの時代でも競争というのはあるのだと思いますし、それぞれの家庭の考え方なのでしょうが、現代の子どもたちは大変ねと思います。昔は夕方になったら子どもは家にいるものでしたから。これも時代の変化なのでしょう。忙しそうな子どもの姿を見ると、ばぁばは心配です。

女性は何歳からでも活躍できます

私はほかのことは得意ではありません。お料理だけは苦にならず続けてきました。自分が〝楽しんでやれて得意なこと〟を伸ばすのは、とても良いことだと思います。生きる楽しみにもなるからです。

子どもの教育も通じるものがあると思います。わが家では「勉強しなさい」とは言ったことはありません。なぜなら、私自身が親から1度も言われたことがないのです。

「今、生きることに一生懸命になりましょう」という姿勢だけで育ててきたように思います。それはやはり正しかったのではないかしら。そうして、子どもたちは、それぞれ自分の好きなことを見つけて仕事をし、家庭人となっています。

私がお料理を教えるようになったのも自然な成りゆきでした。最初は子どものお友達のお母さんが遊びに来たときに、ちょっとお出ししたものを「おいしいから教えてちょうだい」と言われたところから始まりました。

本格的にテレビのお料理番組に出演するようになったのは46歳の頃。長女は結婚して、私の子育てもひと段落していました。

テレビのお料理番組や雑誌の撮影のお仕事を引き受けるようになっても、自宅で撮影をして、夫が仕事から帰る頃にはきれいに片づくよう心がけていました。

古い考え方かもしれませんが、私はやはり、夫が帰ってくるときには、夕食の支度を調えて、「お帰りなさい」と迎えてあげたいと思っていたのです。

夫は、私が楽しそうにお料理の仕事をしていることをよく思ってくれ、雑誌の編集者の方などからも「パパさん」と呼ばれ、とても慕われていました。私がこうしてお料理をお仕事として続けられたのは、そんな夫の理解があったからこそだと思います。家族の理解とタイミング。それさえあれば、女性の仕事はきっと何歳からでも始められるのではないでしょうか。

今は、家事や子育ての経験を生かして主婦たちがたくさん働いていると聞きます。インターネットで予約をすれば、お仕事でお忙しいお母さんのところに、そういう女性たちがお手伝いに来てくれるサービスが人気ですってね。でも、外で働くことがいちばんではない。大変ならば、家庭の仕事を大切にして生きていくのがいいのですよ。家庭の主婦はいつも機嫌よく。そうじゃないと家族の雰囲気が険悪になります。疲れてしまっていつも不機嫌ならば、もともこもないでしょう。今、外に出る機会ではないかもしれないけれど、それも永遠というわけではない。今の暮らしを大事にしながら、タイミングを見計らえばいいのだと思います。

女性のみならず、長生きシニアも活躍する〝人生１００年時代〟。誰もが自分の特技を生かして仕事をし、助け合う世の中になれば、すばらしいことです。

よい器は「長持ち」します

ひとり暮らしの醍醐味は、自分の好きなように暮らせること。お食事は最たるものですね。ただ気楽なせいか、ついラクなほうに流れがち。毎回、きちんとしたおかずを作って食べるということではなくていいのですが、缶詰に直接お箸をつっこんで食べてもよし、というような感覚に流されてはだめかなと思います。

食卓にはランチョンマットをしいて、箸置きを置く。食後のお茶の用意もして、セッティングをしてからいただきます。使う器も、気に入ったもの、高価なものもどんどん使っていいと思う。誰に文句いわれるのかしら？　割ったところで、形あるものはいつか壊れます。

私の実家には、いい器がたくさんありました。篆刻家《てんこく》の父には上等なものを見る目がありました。今も覚えているのは、「盃洗《はいせん》」という器。日本酒には「献酬《けんしゅう》」という習慣がありお酒を注いだ盃を飲み干して、この「盃洗」ですすぎ、相手に渡すというものです。父が毎晩のようにお客様とお酒をくみかわしていたのでおぼえています。この器は今ではふだんづかいの和食器として使っています。料亭くらいにしか、もうないのではないかしら。

九谷焼の三段重もなつかしいものです。母がお正月になると美しくおせちを詰めていたことを思い出します。

父は食卓いっぱいにおかずが並ぶことを嫌いました。母ができたてのものを一品、一品とお酒の進むころあいをみて膳にのせていくのです。美しい器には美しく盛り、大切に長く使う。器は片手では持たず、しっかり両手で扱う。使ったらすぐに洗って乾いた布で水気を拭き取る。母のそばにいて、よいものを大事に使うという心持ちを自然に学んでおりました。

高価な器も使わないとただの飾り物。ふだん使ってこそ、器なのです。子どもが小さいうちは食器も頑丈で安いものを取り入れていいのですが、少しずつでも「よいものいいもの」をお集めになるとよろしいかと思います。よい器があるとよい料理を盛ろうと気働きがするもの。そういう母親の意識を、子どもは近くで敏感に感じ取って蓄積していくのです。100円ショップで売っているような食器を使うのは、一時期のしのぎ。生涯にわたって、それを使うような意識ではもったいないでしょう。すてきな和食器を使えるのは日本人の特権ですもの。

「よいものを選んで使う」。その楽しみは、歳をとってからもしみじみと感じられるものです。

次世代になにかを残すというのは、自分のふるまいを見せることでもあるように思います。

書いたり語らずとも、見せて教える、学ばせる。なんでもメールで伝えて終わりの世でしょうから、そういうことも減っているように思うのです。

貴重な器は大切に扱う。
季節に合わせて箱から出すたび
家族の思い出がよみがえります

〝分に過ぎない生き方〟が救ってくれます

母が幼い私によく言った言葉があります。

「おめぇさんの分に過ぎる」

なにか身の丈にあわないものを欲しがったときに、そう言われることが多かったように思います。

身の丈にあったもの以上を望みますと、自分がどんどん追い込まれます。結婚するときは少しでも条件のよい人を、子どもが生まれたらよい学校へ。そして歳をとったら豪華な老人ホーム？　のぞめばきりがないように思います。使えるお金と時間で、自分がのぞむちょっと下くらいのレベルで満足する。大きく上を見ないで、過ごしてきました。

歳をとると体は衰え、若い頃のようにお金を稼ぐことができなくなります。見栄をはれるうちは、まだ元気なのかもしれないわね。いやがおうでも、分相応になっていきますから。

そんなことを言ってる私ですが、たまに分厚い和牛のステーキが食べたくなるのよ。分に過ぎる食欲を、だれか止めてくださらない？

三章

お料理を作るあなたへ12の遺言

～知ってほしい和食の極意～

遺言1

お箸と器

～盛りつけをこわさないように～

すっと背筋を伸ばしてきれいな箸づかいでお食事をめしあがっている女性は、すてきです。今の若い人たちは、女性でも割り箸を割るときに歯で割ったり、箸を料理につきさして使ったり、あなたたちは本当に日本にお生まれになった方ですか？とお尋ねしたいときもあります。美しい箸づかいができるということは、機能的に口に運べるということ。お料理をしっかり持ちあげて粗相をせずにお食事ができるということなのです。それは作ってくれた人への礼儀であり、いっしょに食卓を囲む人に対してのマナーでもあります。きれいなお食事スタイルは、身につけば一生モノ。小さなときからコツコツと、親がお手本を見せて教え込む価値のあることなのです。箸の持ち姿は、育ったご家庭の環境がそのまま出てしまうもの、だと思います。

ここで簡単におさらいしましょう。

「いただきます」のあとに、最初に手に取るのはお箸ではなく、器。器をそっと手にとり、左の手のひらにのせたら、お箸の上のほうを軽く持って、器を持つ左手の中指に箸先をのせます。そして右手をお箸に添えます。2本の箸のうち、手前の1本はあまり動かさずに、人差し指と中指を使って動かすのが本来の使い方。このやりかたを会得しますと、箸と、箸先が自由に動きますので、こまかいものも無理なく挟めます。

また、手を受け皿のようにして、お料理を遠くから口もとに運んでくるのもよくありません。必ず取り皿にとっていただきましょう。それと、口を食べ物のほうに運んではダメ。

かならず、食器を手に持ち、食べ物を口に運ぶのです。

西洋料理ではお皿とナイフ、フォークですので、器を手に持って食べるということはありませんが、日本では、ひとつずつ手に持って、器のほうを口に近づけるのが基本です。手に持つときは、片手を添えて見た目よくなさってね。外食のときは、お懐紙をバッグに入れて用意しておくと、食べきれないお菓子を持ち帰るときにも便利です。焼き魚のときは、竹の葉やはらんが添えられていることがありますので小骨はそこにまとめてかぶせましょう。フルーツの種もお皿のすみにそっと寄せましょう。お料理を片づけてくださる方に失礼のないようにふるまえればよろしいのです。

箸置きの使い方にもルールがあります。一度使った箸は、箸の先端を大きくはみ出すように置きます。そうすると箸置きが汚れずにすむのです。

いただき方が残念だと、せっかくのお料理も台無しです。

箸置きにお箸を
セットするときは、
箸先1～2センチを出して。
食べている途中、
食べたあとは
4～5センチを
出しておきます

遺言2

食べる順序、お魚のこと
～「和食」とは「和を保つ食」のこと～

家庭のお料理はふだん着のごはん。ワンプレートでも大皿に盛っても、好きなように食べていいのですが、基本として知っておきたいのが、「和食にはお出しする順序がある」ということです。

あえもの、お椀、煮物、焼き物。あいだにお刺身が入ることもありますし、焼き物の代わりに揚げ物でもよいでしょう。そしてごはんと香のもの、止め椀となります。そしてお茶で口をさっぱりさせてごちそうさま。お客さまがいらしたときや、外の食事に出かけるとき。こういう心得があるとお料理の楽しみ方がちがってきます。

2013年には和食がユネスコ無形文化遺産に登録されました。海外からの観光客も増えて、東京オリンピックではさらに日本と日本の文化に注目が集まるでしょう。コンビニのお惣菜ばかり食べているから知らないわではなく、知っておいて損はないという意識は必要です。

和食といえば、お魚がメイン。最近はお魚を食べる人が減ってしまっているようだから困ったものですが、食べるときの常識、あなたはどのくらいご存じでしょうか？

お魚の盛りつけは「頭は左、尾は右」と覚えておきましょう。

お刺身に添えられるのは、「けん」と「つま」、「からみ」が1セット。「けん」は細切りにした野菜のことで剣に見立ててりりしくお刺身に添えられ、消化を助けるものをいいます。大根やにんじん、きゅうりなどお魚に合ったものが使われます。「つま」は、はなやかさや雅味を表現する添えもので、花穂じそや芽ねぎ、紅たてなどが使われ、右下に楚々とした趣を添えるものです。

わさびやからしといった「からみ」は食中毒防止の意味もあります。私が育った青森では生わさびが特別なものでしたので、お刺身といえばからしが添えられていました。洋がらしは水で溶くとからみが出ず、熱湯ですとにがくなりますので、人肌のお湯で溶くのです。マグロをからしでいただくのは、今でも好きですね。

お刺身は
「けん」「つま」「からみ」
これらの添えものと
いっしょにいただくもの。
白髪大根や青じそも残さずに
めしあがってくださいね

遺言3 旬のもの

～四季折々の食材が、日本人の心と体を支えてきました～

お料理の素材はできるだけ、旬のものを中心に選びましょう。四季折々のお魚、貝などの海のもの。そしてお野菜。せっかくの海の幸、山の恵みをおいしくいただけるのは幸せなことです。

季節ごとにおいしいものをいただくことが、私の健康の秘訣でもあります。「旬のお味を大事に」というのは、道理が通っていることで、旬のものは新鮮でおいしく、さらに安いのですから嬉しいことです。

旬のものがわからないときは、「山のようにお店にあって、新鮮で安いものが旬のもの」と覚えておくと良いでしょう。

時ならないものは、家庭では使わないことです。料亭などで一足先にはしりの食材を口にするのもたまには良いかもしれません。けれどもそれはとても限られたもので高価なものばかり。お味も、本来の旬のお味に勝るものはありません。

春ならば芽吹きの春。ふきやうど、菜の花に筍。

夏になればなす、かぼちゃ、きゅうりなどの夏野菜をたっぷりと。秋はきのこなどの実りの秋。冬はやはり体を芯から温める根菜ね。

旬のものより手軽なものを口にするお若い方には「旬」という意識が、もうないのかもしれません。

遺言4
お米のとぎ方
～一気にといで、しっかり吸水させましょう～

ごはんをおいしく炊くことは、とても大事なこと。日本は「瑞穂国《みずほのくに》」とも言われるように、豊かな水田で育てられたお米がとてもおいしいのです。

お米をとぐときは冷たいお水でとぎます。汲み置いた水を入れて大きくまぜて水を流し、指先を立てて「1、2、3」とワルツのリズムでよい音をたててとぎます。また水を注いで大きくまぜてを繰り返し、さいごに水加減をします。

水道もない時代には、汲み置いたお水からひしゃくでカッカッと手早く移し入れていました。水が冷たく、手がかじかんでしまうときには、熱い湯をそばに用意して、そこに手をつけて温めながら、冷たいお水でとげば良いのです。けっしてお湯でといだり、泡立て器で混ぜたりしてはいけません。

近頃は無洗米というものも売られるようになりましたが、無洗米は、精米したお米から、さらにぬかを削り取って落としたものです。おいしいごはんが炊けるとは思えませんが、いかがでしょうか。忙しい主婦が一時的に利用するのは仕方がないと思いますが、せっかくおいしいお米があるのですから、ふつうの精米のお米とうまく使い分けて活用するのがいいでしょうね。

もうひとつ大事なことは、とぎ終わったところですぐに炊かず、「1時間以上しっかり吸水」。こうすることで、芯までふっくらと炊き上がります。

遺言5 天盛りと吸い口
～仕上げに込める、作り手の思いを感じてください～

和食はまず目で楽しみ、食べて味わい、香りも楽しむもの。いただく前に、器との相性、きれいな盛りつけといった風情を少し見ましょう。

お料理の格をあげるものとして欠かせないのが「天盛り」。あえものや煮物の仕上げにのせるものです。季節のものを使うのが基本で、春は木の芽を添えたり、冬ならゆずの皮のせん切り。家庭で大皿料理を作るときでも、上にそっと添えられているといちだんとおいしそうに見えます。毎回用意するのは大変ですが、あらかじめせん切りにしておいたものを、ちょこっとだけ冷凍しておいてもいいでしょう。スーパーのお惣菜もこうすれば、風格があがりますよ。

「吸い口」とは、お吸い物のお椀に季節の香りを添えるものです。今はみなさん、あまりお吸い物やお味噌汁をお作りにならないのですってね。お歳をめした方にもフリーズドライのお味噌汁が人気だそう。インスタントのものであっても、吸い口をちょっと添えればさらにおいしくなりますので、試してほしいですね。

季節の吸い口は、春は木の芽、夏は青ゆず、青じそ。しそはあくが強いので、ごくごく細いせん切りにして水にさらしてからお使いください。

味噌汁には、おなじみのねぎだけでなく、粉ざんしょうや、こしょう、一味唐辛子にゆずこしょう。いつものお味にアクセントを加えたりふくらみをもたせてくれます。ほのかな香りは食欲を増進させてもくれます。たっぷりの椀種に、吸い口を添え、炊き立てのごはんとお好きなおかず、香のものがあれば、充実の食卓。

歳をとったらこのようなシンプルな食事で、しみじみとした幸せを感じます。

遺言6 お漬物
～食卓に欠かせない〝リズム〟を大切に～

私の育った青森では、寒くなったらお漬物のおいしい季節でした。家の外に〝漬物小屋〟があり、その小屋に並べ置いた大きな樽に、さまざまな野菜を漬けていました。紅葉が終わると大根漬け。大根を割り落として樽に入れます。ガックラ漬けというのですが、わざと切り口をでこぼこさせるので、麹がしみこんでおいしいの。そしてニシン漬け。身欠きニシンと干した大根、にんじんを入れて、色どりに青菜も少々。ほかにも、赤かぶ、白菜やたくわんなど樽ごとに漬かっているので、お茶うけに食べていました。寒い漬物小屋に行くのは、みんなおっくうなものだから、取りに行くひとをじゃんけんで決めてたりしてね。なつかしい家族の思い出です。

今は、お漬物を食べる機会も減っているのではないかしら。昔とちがい、子どもたちがいやがるみたいね。お野菜は歯ごたえがあるでしょう。やわらかいハンバーグやオムライスばかり食べていたら、食材の歯ざわり、歯ごたえはわかりません。おとなたちも、自分で漬ける人は減っているでしょうね。スーパーで売っているものは、少量でとてもお高いです。自宅で作れば添加物も入っていない、自然食品です。むずかしく考えず、「旬の野菜を全体の分量の2パーセントの塩でもんでしなっとさせれば、食べごろ」と思ってください。昆布の細切りを入れたり、青じそ、しょうがをまぜてもいいお味。たくさん作って冷蔵しておくと、なにかおかずが一品足りないときも、サラダがわりに重宝です。お茶うけにもいいし、重たい食事にはお口直し、箸やすめにもいいです。お漬物はお食事のアクセントというものだし、あればお食事が単調になりません。ただし、お食事の最初にいただいてはダメですよ。和食の基本は、香のものは最後、ごはんといっしょにいただくのです。私も小さいころから母に、「煮ものや焼き魚が出ているのに、最初にガリボリとごはんと食べてはいけません」と言われ、そういうものなのかと思いました。お漬物を食べながら食後にみんなで熱いほうじ茶をいただく。そんな光景は日本ならではです。そしてお野菜をおいしく、栄養価をたっぷり残した状態でいただくための先人の知恵なのです。

季節のお野菜を
たっぷりいただくには
「スープ」か「もみづけ」。
浅漬けもサラダ感覚で
めしあがってね

遺言7

おだし

～上質なおだしは天然の恵み、和食の要です～

おだしを必ずとってね、というと、みなさんどうして「めんどくさそう」という顔をなさるかしら。「市販の顆粒だしやパックではだめですか」と言われますけれども、素材からしっかりと味を引き出したおだしは、やはり何倍ものおいしさです。便利なものは活用したほうがいいと思いますが、大切なのは、「それも知っているけれど、ちゃんとしたものも知っている」ということではないかしら。うちのお料理教室に来ている生徒さんには、バリバリのキャリアウーマンもいます。彼女たちは、お仕事でおいしい和食屋さんに行く機会もあるのよね。そこで、おだしのおいしさをちゃんと知っているから、自宅で疲れているときは「市販のおだし」でラクをして、余裕があるときは「自家製のおだし」でおいしいものを作ってみようか、という使い分けができるのね。

おだしは、天然の恵みたっぷりのスープです。いい素材で作ったものは、そのまま飲んでみたときに味の差が出ます。よいおだしは、塩やおしょうゆなど、ほかの調味料もほんの少しですみます。食材の持ち味をぐんと格上げしてくれるので、多少高くても、おだしの素となる材料は奮発する価値があると思います。

おだしを出し切ったあとも、おかずに転用なさってね。お料理教室のあとはおだしをとった昆布がたくさん出ますので、当座煮にするんです。お水、お酒、おしょうゆでさっと煮て、2〜3日で食べるものを当座煮といいます。冷凍もできますから、ある程度たまったところで調理されるとよいでしょう。

作り方はこうです。

まずおだしをとったあとにざるに並べて乾かしてストックし、量がたまったら水につけて戻します。その水が煮汁になります。昆布を食べよく切ってお酢を入れて、このみに味つけすればできあがり。

次に簡単なおだしのとりかたをお伝えします。

おだしは昆布と鰹の削り節を使います。４人分ならば材料は水４カップ。20センチの昆布２枚、ひとつかみの削り節が基本です。

最初に昆布をさっと布巾で拭き、水から鍋に入れ、中火にかけます。

昆布がゆらゆらしたら昆布の上品なよい香りがしてまいりますので、沸騰する前に昆布は取り出します。

次は削り節を大きくひとつかみ。あくをひいてほんのしばらくふつふつとさせたら火をとめます。削り節が鍋の底に沈むのを待ち、こし器に濡れ布巾（ペーパータオルでも可）を敷いて、静かにこします。

これがいわゆる「一番だし」です。お吸い物のお椀などに使うと上品なおいしさに仕上がります。しかし、上等な昆布はかなり値が張りますから、毎日毎食を一番だしでというのは現実的ではありませんね。ふだんのお味噌汁などには、鰹の削り節だけでも良いでしょう。それでも顆粒だしとは比べ物にならないほどの風味です。

もうひとつお手軽なのが「昆布の水出し」。ガラスのポットなどに水をはり、1リットルに対して4、5枚の昆布をぎっしりと入れて一晩冷蔵庫に入れておくだけ。昆布の濃厚なうまみが引き出された、すばらしいおだし。水をつぎ足せば2、3回は同様におだしをとることができます。

また、お味噌汁やお蕎麦のつゆに向いている、ふだんづかいの「煮干しのおだし」もぜひ覚えておいていただきたいものです。煮干しは苦味の出る頭やわたの部分を取って、おちょこに1杯ほどのお酒を入れて一晩水につけておくとうまみが出て良いお味になります。私は煮干しの代わりに「焼き干し」を愛用しています。頭とわたを取って焼いてから干したもので、手間がかかっている分、それなりのお値段ですが、くせのないおだしがとれます。これで作るお味噌汁はもう絶品です。

お味噌汁は、お出しする直前にお味噌をといて風味をとばさないこと。煮込むととけやすいわかめなどは、事前に湯通ししたものをお椀に入れおき、お味噌をといた汁をはるだけで、ぐんとおいしくなります。

お若い方のなかにはお味噌汁はインスタントばかりの方もいらっしゃるかもしれません。

「お出汁《だし》」っていう漢字すら読めない人たちが増えてくるのではと、心配です。

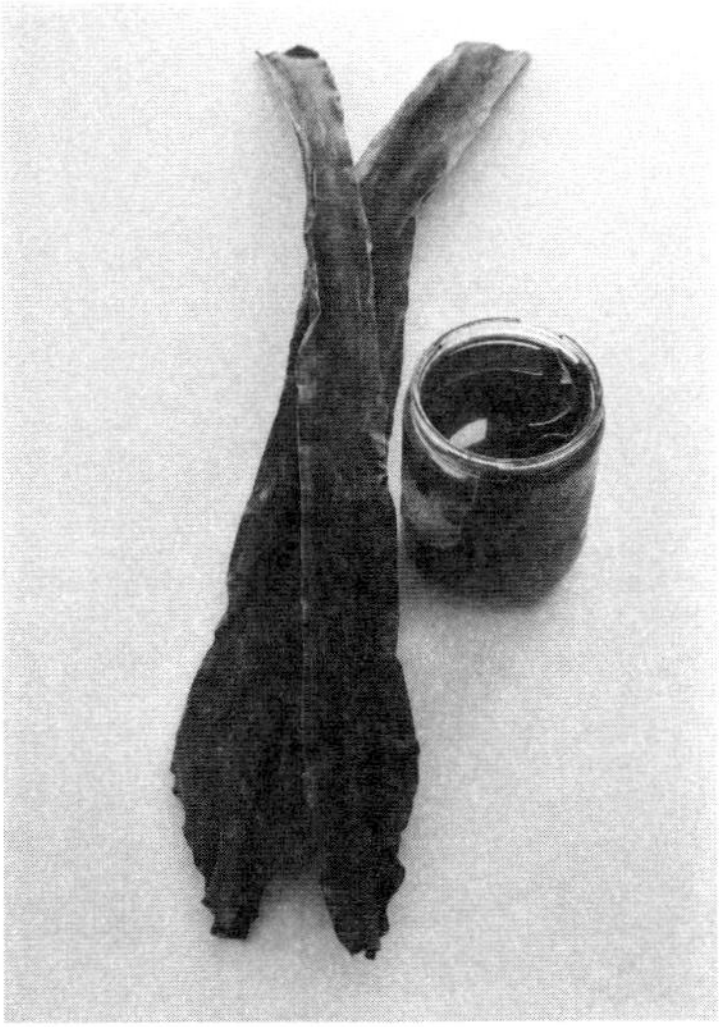

おだしはね、
昆布を水に一晩つけた
水出しがお手軽。
既製品にはない
うまみ、よ

遺言8 おひたし

～お野菜の命を、おだしとともに味わう一品です～

おひたし、は「しょうゆ」をかけるから、おひたしって言うのでしょう？　と聞かれて思わずのけぞったことがあります。

調味したおだしに「ひたす」から、「おひたし」。本来の「おひたし」とは、具材と合わせておだしの風味を楽しむ風流な食べ物なのです。

春ならば菜の花。そしてほうれん草や春菊。おひたしはお野菜そのままのみずみずしさを味わうものですから、葉の色が濃くて、根元の切り口が青々としているものがいいですね。根元が太いのであればゆでる前に包丁を入れ、均一にゆで上げるようにしましょう。ほうれん草は1把まるごと入れないこと。1回に2～3株ずつゆでるのをくり返します。グリーンアスパラガスやせり、根三つ葉などもおひたしにすると一興。旬の葉もののおひたしをいただくと、命がよみがえるような心持ちがいたします。

以前、天ぷら屋さんにお食事をいただきに出かけたときのこと。たまたまお隣にお座りになった老年のご夫婦が、「こんなにおいしいものいただいたことがない」とおっしゃっていたので、なにかと見やったところ、ほうれん草のおひたしをめしあがっていたのでした。私も同じものをいただきながら、「もしかしてこの方たち、おひたしといえば、おしょうゆに削り節、のものしか、めしあがったことがないのかしら?」と思ったものです。「ぜひ、おひたしは、おだしでね」と喉元まで出かかりました。

おひたしのような
一見、簡単なものほど
手を抜かないの。
きちんと作れば
「自然の恵み」そのままの
お味がするわよ

遺言9 あえもの
～〝日本のサラダ〟をもっと気軽にいただきましょう～

女性はサラダが大好き。それなのに、「あえものはあまり作らない」というのはとても残念なことです。

あえものは日本のサラダ。あえ衣は日本のドレッシングなのですから。

お料理教室であえものをお出しするとみなさん必ず「おいしい、おいしい」とおっしゃってペロリとめしあがります。「日本のあえものは、みなさまの好きな洋風のサラダと同じなのですよ」とお話しすると、なるほど、とお気づきになるようです。

豆腐の白あえ、酢味噌あえ、くるみあえ。あえ衣自体に栄養があって、食べごたえがあります。なめらかな舌ざわりで素材のクセもおいしくまとめあげるのが、あえものです。作るポイントとしては、具材とあえ衣をそれぞれ冷やしておき、食卓にお出しする直前にあえること。素材からの水が出ることなく、きりっとしまったお味になります。

「春はあけぼの」というけれど、「春はあえもの」と覚えておくといいでしょう。春のお野菜はやわらかく、土からめぶいたままのすがすがしい風味が持ち味。春は貝類もおいしいですから、分葱《わけぎ》を合わせてぬた衣であえる「ぬた」はおすすめ。「ぬた」はお味噌ベースのあえ衣。そのトロトロした様子が沼とか田んぼを連想させるのね。それで沼田から、ぬた、と言われるようになったのですって。日本人は感性が豊かだから、こういうさまざまなイメージをお食事に投影してきたのですね。余談ですが「じゃあ、サラダという名前はどんな由来があるのかしら」と知りたくなって、電子辞書の登場よ。そしたらね、古代ギリシアやローマの時代から生野菜を食べる習慣があったそうで、サラダの語源になった「サル」はラテン語で塩という意味でした。昔の人も生野菜にお塩をかけて食べやすくしていたのかもしれないわね。

海の幸、山の恵みを
素材を生かして
おいしくまとめあげる。
コクのあるあえものは
呑べえの方にも
喜ばれるわよ

遺言10 お布巾

～清潔さを保つためになくてはなりません～

みなさんのお台所にお布巾は何枚用意していらっしゃいますか？　1枚？　2枚？「え、ペーパータオルしかないです」というのは勘弁してね。

お布巾は必ず何種類も用意しておくものです。お若い方がお布巾1枚でなんでもすませてしまうのを見ると、「もう、ダメよ」と声を出して止めてしまいます。鍋の底を拭いたお布巾で調理台も拭くとか、食器を拭いたお布巾でぬれた手まで拭くなんて、汚れやバイキンどうしを行ったり来たりさせているようなもの。所作としても美しくないわね。

台拭き、手拭き、そして器拭きはそれぞれ2、3種類。器を拭くときはお布巾を大きく広げてしっかり拭き上げるの。うちのお弟子さんたちに食器を拭かせたら、ボールみたいにお布巾を丸めて拭いた人がいてびっくりしたわ。高級な器、たとえば漆の器なら、昔は乾いた布で拭いたあと、お着物の裏地の真っ赤な紅絹《もみ》で仕上げ磨きをしました。今ならガーゼで優しく拭くと輝きが増します。

お布巾づかいですばらしいのは、和食の職人さんたちね。カウンターでの手さばきを見ると、お布巾を使っては洗い、の繰り返し。手元にぬれ布巾を用意して包丁を湿らし、少しでもまな板が汚れたら拭き取って、というのを習慣にしているでしょう。食材や調理器具を衛生的に保つため、そしていちいちまな板や包丁を洗って素材を水っぽくさせないための動作なのね。今の方は、たぶん、使ったあとのお布巾をちゃんともみ洗いすることや、絞ることもできないかもしれない。手のひらに丸めて力を入れるのではなく、折りたたんで両手で絞りを入れる。歳をとって握力が弱くなってきたら、この絞りはいい運動。手に力が入るっていうことは健康のバロメーターかもしれないわ。

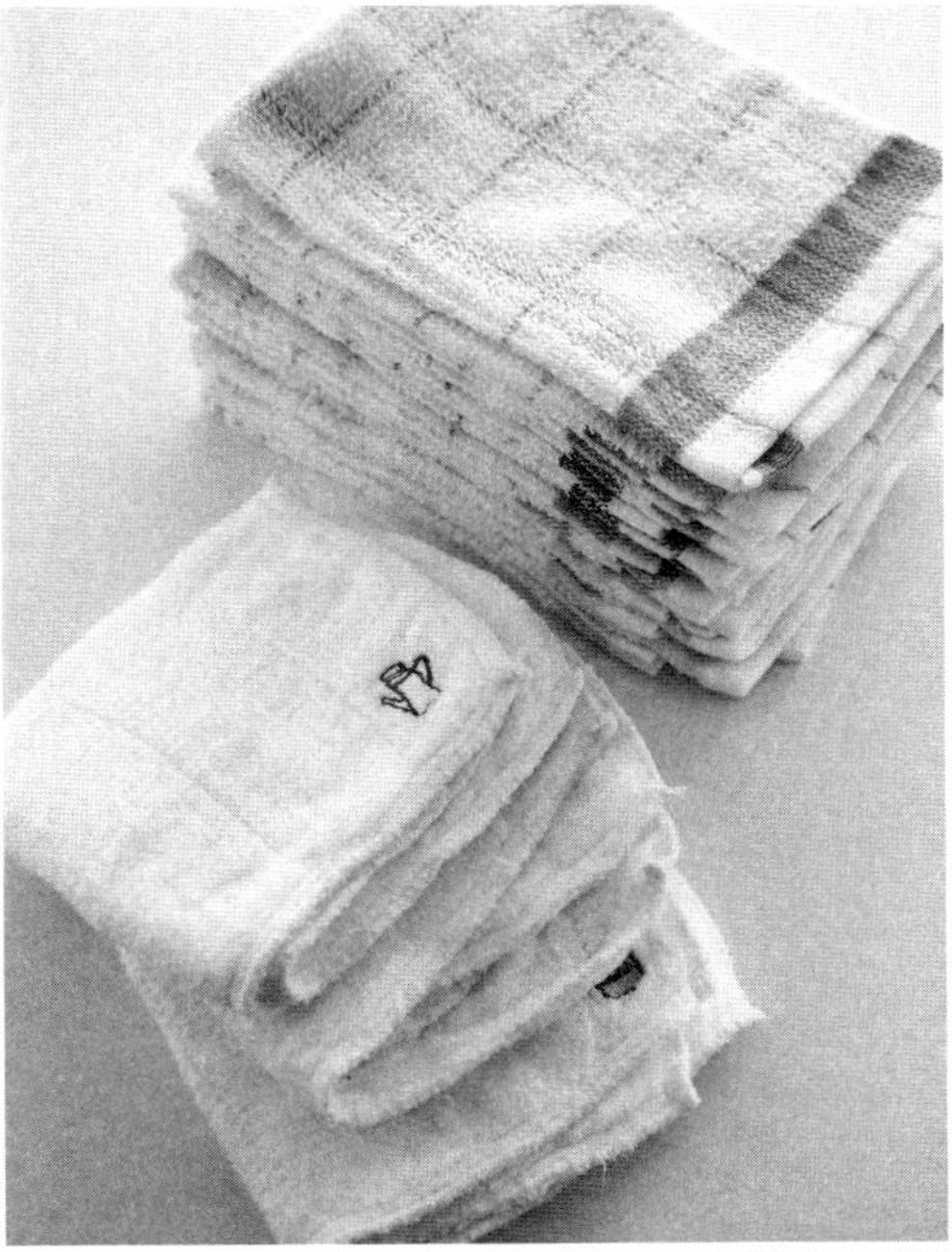

拭く、磨く、包む、絞る。
お布巾は用途によって何枚も。
これがないとお料理はうまく運ばない

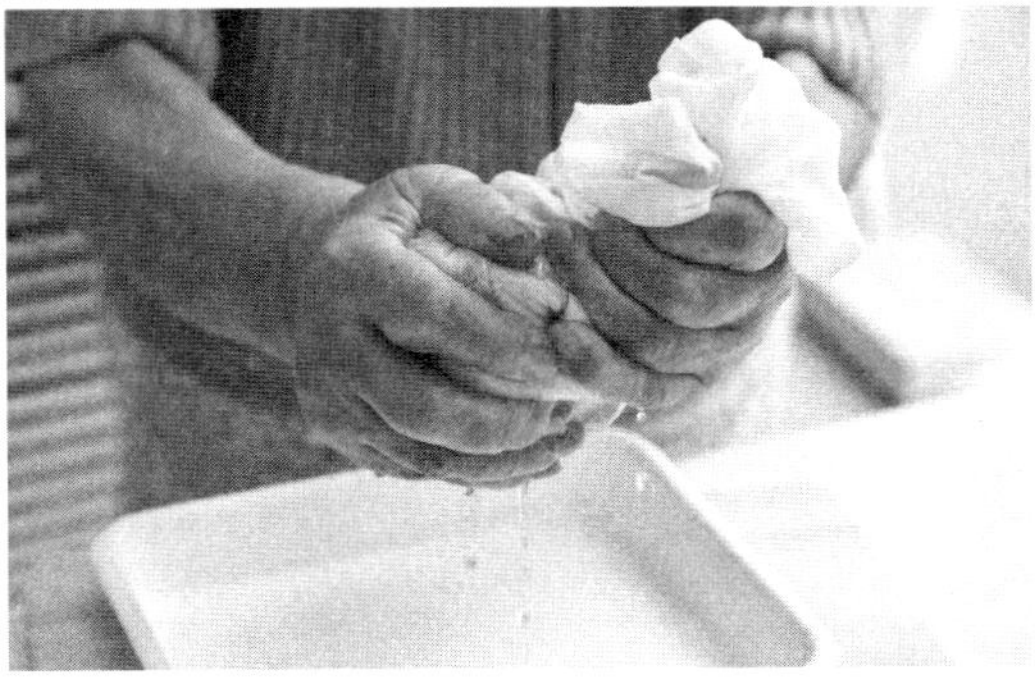

遺言11 包丁・まな板

～食生活を維持する〝命のお守り〟です～

コンビニとかスーパーで、〝カット野菜〟っていうの？　すでに切って洗ってあってすぐに使えるものが売られているでしょう。あれ、便利だとは思います。まだ買ったことはありませんが。

お食事は命と直結でしょう。命を守るためのお食事作りに欠かせない「包丁」と「まな板」は、最低でもひとつずつ持ってほしいとせつに願います。包丁選びをひとつだけ、と問われたら牛刀ね。お肉を切るのに長けているし、お野菜を切るにもこまわりがききます。まな板は、できれば木製がいい。刃のあたりがやわらかいから腕も疲れません。ある程度大きいものじゃないと、ストレスがたまります。お野菜を切るたび、シンクの下にぽろっと落ちてしまうようでは「カット野菜でいいか！」ということになっちゃう。

名入れしてもらった
愛着のある道具。
手入れしながら
大切に使っているの。
手料理の仕上がりを
左右しますから

包丁もまな板もさび、カビを嫌うもの。使ったら洗ってお布巾で拭き上げて、しっかり乾燥させておきます。まな板はその日の終わりに1度、熱いお湯をかけると衛生的でおすすめです。包丁、まな板、お布巾の3点セットはあなたの命のお守り――そう覚えておいてまちがいありません。

今はひとり暮らしでも包丁を持っていない方がいるみたいですね。カット野菜を使ったり、出来合いのものを食べていればたしかに使う機会がないのかもしれません。デザートもカットフルーツとかね。ある方は「キッチンばさみがあればなんでも切れます」とおっしゃっていて驚きました。今の人たちは、スマホを見ることが大切だから、お食事も片手で食べられるものを好むのかもしれませんね。

そんな人たちが子どもを育てる世代となったら、日本の食文化はどうなってしまうのでしょう。

遺言12 お台所

～始末のいい場所からおいしいひと皿はうまれます～

お台所を見れば、その方の一面がわかると思います。ふだんだらしない方が、お台所だけビシッとしているとは思えないもの。たとえ狭くても、調理道具や材料を出しっぱなしにしないで、調理台は広く使うこと。スペースの「余白」が心の余裕にもつながるのだと思います。

キチキチとしたところで、のびやかな料理はうまれません。流しやコンロまわりが清潔で、必要なモノが取り出しやすいかどうか。ゴミをたまらせることなく、換気がしてあって、よい空気が流れているかどうかをチェックなさってね。使わないものは、ただの場所ふさぎですから賞味期限切れのものはないか、しなびた野菜はころがっていないかと、いつも気をつけていたいものです。

衛生面で大切なのは、水気をいつも拭き取るということ。シンクまわりや作業台のしずくを残さず、さっぱりカラリとさせておきましょう。床がぬれたらすぐに拭く。高齢者は転倒のもとになります。

使いよいお台所の大切さは、言わずもがなですが、もうひとつ感じることは、お台所に漂っている「雰囲気」が大事だということです。今は、男性もお料理をなさる方がいるから、お台所が「主婦の城」とはいえないけれど、やはり中心なのは女性たち。「どうして私ばかりが料理も片づけも」と、不機嫌になってお台所に立つのはいけませんよ。お仕事をされていたり子育てで大変なのもわかりますが、おおらかな気分で心をこめて作ってこそ家庭料理です。不満があるときは、思い切って外食もいいんじゃない？　主婦が機嫌よくいることはとても大切なんです。家庭運営にも、お料理の出来ばえにも、ね。

キッチンはいつも清潔に
片づけておくこと。
これが段取りの第一歩

ばぁば特選

ふだんづかいのお取り寄せ

よい素材は料理を引き立て、
あなたの健康を守ります。

"本格派の乾物"を味方にして料理を格上げしましょう

故郷の青森・八戸では冬は早く来て、長い。そして春はゆっくりとやってきます。春・夏・秋の旬が短いのです。それだけに、旬の食材を大切に扱っておりました。ふるさとのおいしいものは、忘れられない味。今でも取り寄せて楽しんでおります。

大切なのは、生産者が確かかどうか。そのへんのスーパーで買うのではない、わざわざ宅配料をかけて取り寄せるものですもの。今、長くお付き合いしているところは、電話1本すればすぐに届けてくれたり、数を調整してくれたりしていただいてます。でも、しだいに信頼できる生産者が少なくなってきました。よい作り手が高齢化していて後継者がいないから、なかなか商品が手に入りにくくなっており、残念なことです。

もっとも取り寄せの頻度が高いのは乾物です。とくに、おだしを引く昆布は切らすことができません。マグロで有名な大間からたくさんいただきましたものは、肉厚で立派です。北海道の日高、利尻、羅臼のものは良質ですばらしい。お値段もすばらしい。届いたら20センチくらいにカットしてすぐに使えるようにしてあります。

昆布といえば八戸の名産、すき昆布をご存じかしら。こちらはおだしの昆布ではないのよ。若くて身の柔らかい昆布を細ぎりにして紙のように薄くして干したものです。すかしたら、グリーンに見えるくらい薄いのよ。それを熱湯にくぐらせて水気を切り、そのまま和風のサラダにするとおいしいのです。

海藻類は、阿波特産の鳴門の糸わかめも欠かせません。手間を惜しまずていねいに干しあげるからこそのたまもの、と思います。戻して硬いすじを取り、食べやすく切って熱湯をくぐらせますと鮮やかな緑となり、磯の香りがただよいます。さっき水揚げされたのかしらと思うほど。お味噌汁にすると格別です。適当な長さに切って、お椀に入れて、その上から味噌汁を注ぎます。柔らかいのがおこのみの場合は、お味噌を入れる前にほたほた煮てからですよ。

海苔は産地も大事ですが、職人さんの腕によるところが大きいのではと思っております。焼き方に差が出るのです。お料理教室でご紹介する、定番の太巻きは、しっかりとした干し海苔を使います。すしめしも具もたっぷりのものを巻き込みますから、薄いと破れてしまいます。

おむすびも、よい海苔を使うことで、ぜんぜん味わいがちがいます。ツヤツヤとしていて厚みがあり、パリッじゃなくて、バリッとするくらいしっかりしたものがおすすめですね。

余談ですが、海苔には裏表があります。光沢のあるほうを表にしましょう。

焼き干し（127ページ参照）は、陸奥湾でとれた小さな片口いわしを頭とワタをとって一度焼いて、干したもの。うまみとカルシウムが凝縮しています。通常の煮干しなら一人分に対して3、4本ですが、この焼き干しなら1本使えば十分。

鰹節は鹿児島・枕崎のものを使っております。とくに本枯節は、カビ付けと天日干しを繰り返したもので手間がかかっています。仕上げるのに数か月もかかるそうです。そしてお値段もはりますが、使うとびっくりするほど家庭料理の格があがります。ふだんの調味料でいいお味が出ないときは、一度こういうものを使ってみると「本物は、確かだわね」と思うはずです。

食用の干し菊も青森の特産。菊は漢方の食材としても使われます。子どものときは生のものもよく食べさせてもらったものです。10月から11月に

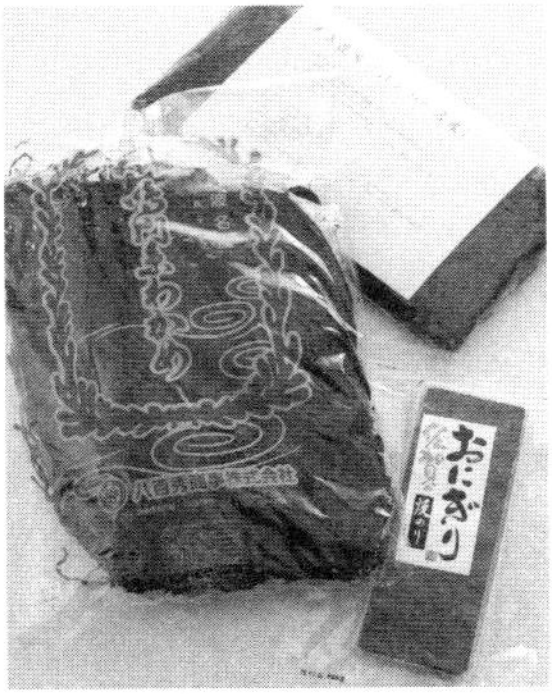

(写真上)青森・八戸特産の「すき昆布」。三陸沿岸の荒波で育った身の柔らかい昆布を細切りにして乾燥させたもの。(写真中)「鳴門糸わかめ 灰干製法」。とれたてのわかめを湯通しして天日干し。糸状に細かくさいてあるので使いやすい。(写真下)おにぎり用には、パリッとこうばしい佐賀の「焼きのり」を愛用。

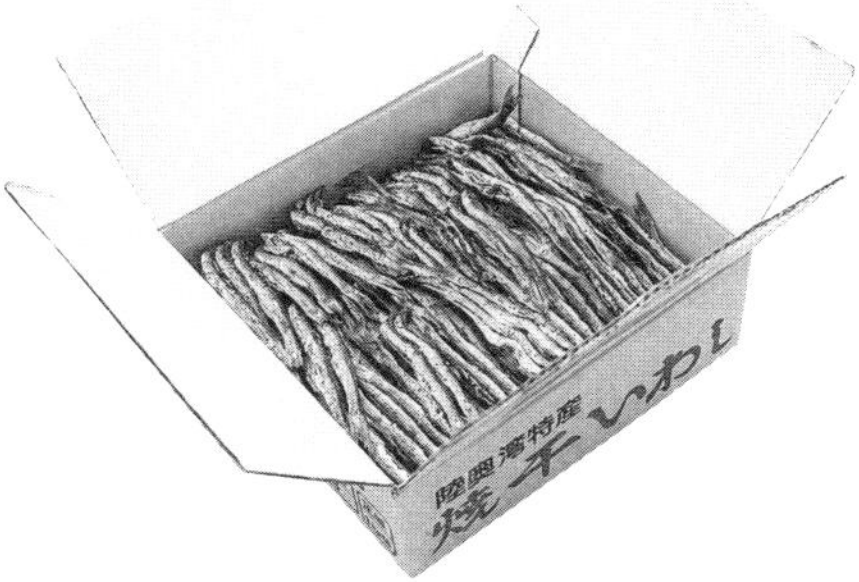

「陸奥湾特産　焼干いわし」は、むつ市で水揚げされた片口いわしを焼いて干したもの。

(写真上)あえものや酢の物にするとおいしい、一度蒸しあげてから干した「干し菊」。(写真左下)「本枯節」はかつおの本場、鹿児島・枕崎のもの。雑味のないおだしがとれる。(写真右下)「いり胡麻」は直火焙煎で粒がきれいなものがおすすめ。

かけ、見渡す限り黄色く染まる菊畑に阿房宮（菊の種類）の花ざかり。がくをつけた状態で、熱湯にくぐらせ、温かいままのものをよくいただきました。ゆでたての里芋に温かい菊を添え、大根おろしとおしょうゆでいただいたのは本当においしかったのをおぼえています。

乾燥させているものならいつでも楽しめますから、お豆腐のお味噌汁に入れたり、湯どおししてちぎってサラダにしたり、さっとゆでて酢じょうゆでシャキシャキといただくのがおすすめです。

和食にかかせないごまは、焙煎によって風味が変わります。直火焙煎と書かれたものはひときわこうばしいものです。ごまは使う前に炒ってしっかりと香りを立たせること。そうすれば特売のごまでも日が立ったものでも高級品に負けず劣らずになりますわよ。

すばらしい生産者は日本の宝。こだわりの品を常備しています

他にも、様々なものを取り寄せております。

たとえば鮭の切り身は「甘塩サーモン」という塩分が少ないものを新潟から届けてもらっています。脂がのっていて最高。たくさん冷蔵庫に入っておりますので、いざというときのおたすけです。焼いてから骨を外し、ほぐしてふたものに入れておくとおにぎりやお茶漬けにも便利です。

夫も大好きだった瓶詰めの粒うには青森便。ふたりで一度にひと瓶いただいたこともあるくらいすばらしいお味。炊きたてのご飯にたっぷりの粒うにをのせ、お海苔でくるりと巻いてパクッといただくと、幸せいっぱい、

食が進みます。冷やしたきゅうりにちょんとのせて食べても、とてもおいしいですよ。

金沢からはかぶら寿しと大根寿し。かぶら寿しはかぶらでぶりを挟んだ金沢の伝統的な名産品です。ぶりを塩と米麹で漬けたもので、やさしい味わいのごちそう。大根寿しも、にしんのうまみと大根のうまみが絶妙です。

お酢は広島の千貫酢を愛用しています。お砂糖のみで添加物が入っていませんので、酢の物やあえもののお味をよく引き立ててくれます。

京都は京華堂利保の「たけの露」というおしるこ。お土産にお渡しするととても喜ばれます。もなかの皮が「たけのこ」と「まつたけ」の形をしていてかわいらしいのです。なかにおしるこの粉が入っていて、お湯でとくとトロトロのおしるこになります。ひとついただいたら、もうひとつ、といただきたくなるおいしさ。小腹がすいたときのためにもかかせません。

京都といえば「くらま山椒」という実山椒の佃煮も常備しています。ご

三陸産のうにと塩だけで仕上げており、甘塩でうにの粒がしっかり残っている。添加物を使っていないので、うに本来のうまみを存分に楽しめる。「三陸産塩うに赤(ばふんうに)」
㊐ 横道商店 0178-32-7785

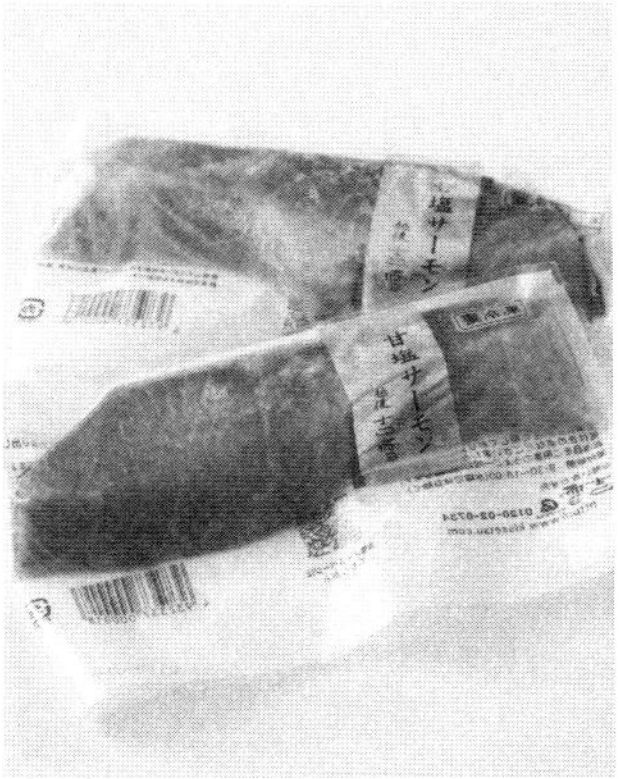

鮭の目利きが選んだ、最高級サーモンをひと切れずつ袋詰め。身がやわらかく、くせのない味と香りは絶品。ほどよい塩加減で子どもからお年寄りにまで喜ばれる。贈答品としても人気。「甘塩サーモン」
㊐ 吉雪 0120-02-0734

はんにそのままのせてもいいし、かまぼこやスモークサーモンにちょっとのせるとオードブルにもなります。

手のひらサイズの「たけのこ」と「まつたけ」の形をした懐中汁粉。お湯を注ぐと中からおしるこの粉がとけだし、よくかき混ぜるとトロッとした食感に。あずきの甘みがやさしく本格的な味わい。「たけの露」
㊣ 京華堂利保 075-771-3406

※掲載している商品情報、問い合わせ先は2018年6月現在のものです。

四章

これだけは遺したい。遺言レシピ

～未来でも作り続けてほしいお手軽な一品～

毎日忙しい、あなたへ

365日、三度三度のお食事をていねいに作っていくことは大変です。きちんと手をかけるお料理と、手をかけられないときのお料理。両方があってよいと思います。お仕事で忙しい女性、今はたくさんいらっしゃるでしょう。私が住む街でも夕方になると、スーパーのお惣菜のところにたくさん並んでいます。子育て中のかたなど、仕事帰りにお買い物をしてバス停に並ぶだけで大変でしょうね。私は、通勤だけでへとへとになってしまうと思います。3食お料理が作れるのは、家庭の主婦がずっと家にいる場合だけです。「毎日、がんばらなくていいのよ」と声をかけてさしあげたくなりますね。

私も子宮筋腫のときは、お台所に立ちたくないわっていうことも、ときどきはございました。すべて手作りでとこだわることはありません。義務と思ったらお料理がつらくなりますから、ときには手抜きをなさっていいと思います。

ただ出来合いのものを、パックのままで出すのではなく、ときには見栄えのよい器に盛りつけて、薬味など色どりのよいものを少しそえるとよいですね。手抜きのしかたも、わが家流を見つけるとよいのではないかしら。

そしておいしいものを食べてもらいたいと思ったときは、心をこめてお料理をしてみてください。それが週に1度だっていいのです。

大変なときはいつまでも続きません。お仕事も子育てもいつかは落ち着くときがくるのです。そのときがくれば、できるかぎりあなたの手作りを出してあげてください。

子どもたちを育てたスープ

食べざかりの子どものいる家庭の主婦は、食事作りに追われます。夕食の準備では、翌日の朝食をみこしたものを作るとラクですね。わが家ではハンバーグや肉炒めにしたときのお肉が残っていれば、あとは朝はパンを軽く焼いてお肉を温め、ハンバーガーやサンドイッチにしておりました。子どもはなんといってもお肉が出るとよろこびますから、経済的な鶏肉やひき肉などを上手にお使いくださいね。

わが家で毎朝出していたのが、あたたかいスープでした。

冬になると、夕食にお野菜たっぷりのスープを作りました。じゃがいも、にんじん、たまねぎをすべてひと口大の食べやすい大きさに切るのです。大きいと子どもが食べてくれませんから、小さめに、が肝心。お野菜は水でさらすとあくぬきができ、スッキリと煮えます。セロリを入れるとスープに風味が出ますので、茎でも葉でもあれば少し加えてみてください。

子どもたちが喜んだのはベーコンが入ったスープです。ベーコンはうす切りでもお味が出て良いのですが、コロコロと形があったほうが食べごたえがあります。翌朝は、そのスープにごはんを入れてスープごはんのようにしていただきました。ゆで卵を入れてもボリュームが出ていいと思います。

朝食にはあたたかいものを必ず一品は加えてくださいね。体の芯から温めて送り出してあげると、頭はスッキリ、腸は活発になり、１日元気に過ごせるようです。

やさしいスープ　ばぁば風

子育て中によく作りました。
じゃがいもを入れるとボリュームが出ます。
翌朝はごはんを入れて。

材料／4人分

ベーコン(ブロック)	200g
生しいたけ	4枚
セロリ	50g
じゃがいも	中2個
にんじん	50g
たまねぎ	½個
パセリ	少々
だし汁	4カップ
塩	小さじ1
うす口しょうゆ	小さじ1
酒	大さじ½

作り方

1. ベーコン、にんじん(洗って皮をむく)、たまねぎ、生しいたけ、セロリ(すじをとる)それぞれを1センチほどのさいの目に切る。
2. じゃがいもとにんじん、セロリは一度水に放してざるにあげる。
3. 鍋にだし汁とセロリ以外の野菜、ベーコンを入れ強火にかける。7〜8分間煮てから中火にし、セロリと調味料を加えて7〜8分間煮る。
4. 器によそい、パセリをちらす。

缶詰、それはばぁばの大好物

わが家には缶詰を必ずストックしております。買い物に行く元気がなかったり、あと一品足りないときのために、年中、重宝しています。

常備しているのはコンビーフ、ツナ、ホタテ、鮭。タラバガニの缶詰はとてもおいしいけれど高価だから、特売のときのお楽しみです。

コンビーフのいちばん簡単ないただき方は、たっぷりの大根おろしと混ぜ、おしょうゆを少々落としただけのもの。レモン汁をしぼってもよいでしょう。コンビーフは、寒い時期だとうまくほぐれないので、フライパンで少し温めてから崩します。お野菜といっしょに炒めて、卵でとじてもおいしいですね。根菜、とくにごぼうとの相性がいいのでスープにしても。鮭缶はそのまま食べてもおいしいです。

ツナ缶を使った料理で定番なのが、大根おろしと青じそとあわせたパスタ。あつあつのスパゲティにオリーブオイルをまぶし、おしょうゆを垂らすだけの簡単なものですが、ツナ缶からのコクとうまみがあるのでシンプルな味つけがおいしいですね。青じそがなければ、立て塩（168～169ページ参照）をしたきざみきゅうりを使ってもよいでしょう。

ホタテの貝柱の缶詰は、おつゆといっしょに炊き込みごはんにしました。あればホッキ貝も入れて炊くと貝の風味が増して絶品です。

昔は缶詰の種類が限られていました。材料もきっといろいろなものを使っていたと思います。今はよい素材のものをおいしく缶詰にしていると思うのです。たんぱく質が手軽にとれて、うまみもたっぷり、あとは簡単なお野菜があれば十分な一品。外で買うお惣菜もいいけれど、自宅で上等な缶詰を使ったおかずもたまにはいいのではないかしら。

コンビーフのまぜごはん

まぜごはんは、
ごはんがあつあつの状態で具を混ぜます。
冷めたごはんだと
コンビーフの脂が気になりますので。
ほうれん草のおひたしと、
いちごを添えてバランスよく。

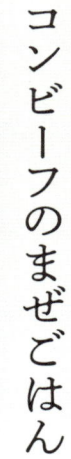

材料／２人分

コンビーフのまぜごはん

- 白飯……………………200ｇ（茶碗２杯分）
- コンビーフ…………50ｇ
- セロリ………………５㎝
- しょうゆ……………小さじ２

おひたし

- ほうれん草…………½把（150ｇ）
- だし汁………………½カップ
- うす口しょうゆ……大さじ½
- 塩………………………少々
- 塩（ゆでるとき）……少々
- 糸がき………………少々

いちご…………………２粒

作り方

1 ほうれん草は、水洗いをして根元をきれいにする。塩少々加えた熱湯でゆですぎないように、２～３株ずつゆでて冷水に放す。水の中でふりながらそろえて水けをしぼり３センチの長さに切る。バットにだし汁とうす口しょうゆをあわせてほうれん草を浸し、そのまま冷蔵庫で冷やす。いちごはへたをとって縦２つに切る。

2 コンビーフは粗くほぐす。セロリはすじをとり、３～４ミリ角のあられ状に切る。

3 炊きたてのごはんをボウルにとり、コンビーフをちらし、しょうゆをふって手早くまぜたら、セロリを加えて軽くまぜる。ごはんを丸い器で型抜き（抜くときに型をしめらせると抜きやすい）し、汁けを軽くしぼったおひたしに糸がきを添えて盛る。いちごを添える。

ツナの和風パスタ

忙しいときにササッと作れて重宝。
大根おろしと青じそで、さっぱりいただけます。
お弟子さんたちのお昼の大好物。

材料／２人分

スパゲティ（1.6㎜）…… 160ｇ
ツナ缶 ………………… １缶
大根おろし …………… １カップ分
青じそ ………………… 10枚
オリーブオイル ……… 大さじ２
しょうゆ ……………… 大さじ１

作り方

1 ツナ缶は、かるくほぐす。青じそは８枚分を細切りに（残り２枚は飾り用にとり分けておく）。大根おろしは軽く水けを切り、２等分にする。

2 たっぷりの熱湯に塩（分量外）を加え、スパゲティを好みの硬さにゆでる。ゆであがったらざるにとり、湯を切ってオリーブオイルを手早くまぜる。

3 スパゲティをお皿に盛り、飾り用の青じそをのせてから大根おろしをのせる。ツナときざんだ青じそを適量のせ、しょうゆをかけていただく。

お野菜のおかずをもっと身近に

女性たちは、お野菜が大好き。お野菜のおかずを食べるとホッとするとおっしゃいます。お野菜は下ごしらえや調理法にひと手間かけると、食べやすくなりますし、持ち味が生きます。お野菜のおかずは外食で食べたり、お惣菜になったものを買い求めるだけではなく、自宅でちゃちゃっと作れば日常的にたくさんいただけます。

たとえば「立て塩」をご存じでしょうか。お塩を控えめにした塩もみのことです。使うのは旬のお野菜。きゅうり、きゃべつ、にんじん、青じそなど色どりよく選びましたら、ザクザク刻み、大きめのボウルに入れます。お野菜が700グラムに対して使うお塩は大さじ1。2パーセントの塩分濃度になるようにお塩の量を調整しましょう。

手のひら全体を使ってお野菜をもむと、しだいにお水があがってきますから、さらに体重をかけてもみます。しんなりとしてきましたら、今度はお野菜を両手で「拝むように」強くしぼります。親の仇、と思って渾身の力でしぼりますと(笑)、これでもう、即席のサラダとなります。塩分濃度を3パーセントにしますと、わかめを足した酢の物にぴったりです。

お野菜をおいしくいただく和食の手法としては、「雷干し」もございます。きゅうりなど、瓜の芯をぬきとって、うす切りにし、数時間陰干しにしたもの。形が雷さんの太鼓、もしくはあの稲妻マークだから雷干しなのだそう。少し干しておりますので、水っぽさがぬけてコリコリと歯ざわりがよくなります。定番の酢の物のほか、青みが足りないときにはサラダに入れてもいいですね。きゅうりは一度に買うとなかなか食べきれませんが、このようにすると飽きずにいただけます。

そして、おすすめは、やはりあえものです。お野菜そのものが苦手な方も、あえ衣に工夫をするとおいしくいただけます。
お野菜は塩をしてしんなりさせたり、ゆでたり、干したりしたものをひとつのおかずだけではなく、いろいろなものに転用していくこと。そうすれば日々のお料理が格段とラクになっていくものです。そのためには、まずは基本の作り方をよく覚え、失敗しながら上達していくことが大切です。

立て塩サラダのしょうが酢

立て塩にしますと
塩分のとりすぎもなく、
しんなりとしたお野菜が
たくさんいただけます。
旬のお野菜で折々のお味を
いただきたいものです。

材料／4人分

大根……100g
にんじん……40g
きゅうり……1本
なす……½本
みょうが……4本
立て塩用
- 水……5カップ
- 塩……大さじ2

加減酢
- 酢……大さじ2
- だし汁……大さじ2
- 砂糖……大さじ⅔
- うす口しょうゆ……小さじ1
- しょうがのしぼり汁……大さじ½

おろししょうが……適量

作り方

1 きゅうりは天地を落として小口切りにする。にんじんは薄い短冊形に切る。なすは縦半分に切ってさらに横半分に切り、縦の薄切りにする。大根はいちょう切り、みょうがは縦２つに切ってせんぎりにする。

2 ボウルに水をはり、塩を加える。15分ほど野菜を入れて、しんなりさせてから布巾できつくしぼり、そのあと加減酢にあわせる。

3 水けをしっかり切って器に盛る。おろししょうがをのせる。

きゅうりの雷干し、わかめといかのしょうが酢

昔、軒先からのぞく〝雷干し〟は夏の風物詩でした。本来は「しろうり」で作るのですが、きゅうりでも楽しめます。

材料／２人分

きゅうり…………………２本
わかめ……………………（もどしたもの）40ｇ
刺身用のいか……………50ｇ
加減酢
　酢………………………大さじ１½
　だし汁…………………大さじ１½
　うす口しょうゆ………小さじ１
　塩………………………少々
おろししょうがの汁……小さじ２
針しょうが………………少々

作り方

1 きゅうりは天地を落として１本を３つに切り、芯をぬきとる。くるくると薄切りにする。

2 金串のような細いものに刺して吊り下げる。干す場所は風通しのよい室内でも戸外でも。しんなりとなったらひと口大にちぎる。

3 わかめは、食べやすく切ってから、熱湯をくぐらせ水にとる。いかは、細づくりにする。

4 器にきゅうり、わかめ、いかを盛ったら、加減酢をまわしかけておろししょうがの汁をかけ、針しょうがをのせる。

お手軽白あえ

本来は木綿豆腐。
厚あげを使えばどなたにも
作りやすく味が決まります。
精進料理の最たる一品を
ぜひご家庭で。

材料／4人分

にんじん………………50ｇ
干ししいたけ…………中５枚
黒こんにゃく…………⅓枚（約100ｇ）
きゅうり………………１本
A［だし汁……………½カップ
　みりん………………大さじ２
　うす口しょうゆ…大さじ１］
厚あげ…………………１枚（約250ｇ）
B［あたりごま………大さじ４
　砂糖…………………大さじ４
　酒……………………大さじ½
　うす口しょうゆ…大さじ１弱
　塩……………………少々］
ごま……………………少々

作り方

1 干ししいたけ（あらかじめ戻しておく）は、水けをしぼって石づきを落としうす切りに。にんじんは短冊切り（幅１センチ×長さ３センチ）に。黒こんにゃくは水からゆではじめ、沸騰して５分ほどで冷水にとり、水けをとってから短冊切りにする。

2 きゅうりは天地を落として薄い小口切りにし、立て塩をし、きつくしぼる。

3 厚あげは熱湯をかけて油ぬきをし、厚手のペーパータオルで水けをとる。

4 鍋にAを煮立て、こんにゃく、にんじん、しいたけを入れて中火でときどき混ぜる。汁けがなくなるまで煮たらざるにあげてさます。

5 厚あげを粗くちぎり、すり鉢でする（皮が少し残るくらいを目安に）。あたりごまを加えてさらにすり、Bを加えてさらによくする。さましておいたAときゅうりを加え、木杓子でよくあえて器に盛り、ひねりごまを少々散らす。

困ったとき、疲れたときの「お茶漬け」と「まぜごはん」

最近は糖質制限というのかしら？　白米をあまり食べない方もいるようです。でもごはんはエネルギーの源ですし、なんといってもごはんは千変万化。まぜごはん、炊き込みごはん、そしてお寿司と具材や調理によって味わいもさまざまですから、飽きがこないのです。

疲れておかずを用意することができないときは、添え物をいろいろと用意した「お茶漬けセット」はいかがでしょう。私はごま、もみ海苔、叩き梅、ほぐした鮭にくらま山椒、昆布の当座煮などをお盆にセットしていただきます。ちょこちょこと用意すると見た目にも豪華。ごはんのおいしさをしみじみと感じます。

ばぁばのお茶漬けセット

「ごはんのおとも」をふた付きの器やタッパーに入れて、冷蔵庫に用意しておきますと、お料理をしたくないときや、食欲がないとき、お客様がきたときのおもてなしなどに助かります。おいしすぎてつい食べすぎてしまいます。

お忙しいお母さんにおすすめするのは「まぜごはん」。具を混ぜてしまうのですからおかずはいりません。かき玉汁でも付けてお野菜が少しあれば、立派なお食事です。

まぜごはんにするときは、かならずあつあつのごはんをお使いになってください。冷めていると具とうまくからみませんので、そういうときはごはんを電子レンジでチンなさってくださいね。

いりごまと鮭のまぜごはん

たっぷりのいりごまが風味豊か。
鮭はおいしいものをぜひお使いくださいね。
残りはおむすびにしてもおいしゅうございます。

材料／4人分

白飯……………茶碗4杯分
甘塩鮭……………2切れ
いり白ごま………大さじ3
青じそ……………10枚

作り方

1 甘塩鮭は、焼いて粗くほぐす。青じそはくるくると巻いてせん切りにし、さっと水をくぐらせてきつくしぼる。

2 あつあつのごはんにいり白ごま、塩鮭、青じその順にちらしてまんべんなく木杓子でまぜる。

ちりめんじゃこと叩き梅のまぜごはん

ちりめんじゃこはカラカラのものが、
水分がとんでごはんが傷みにくいのです。
梅干しは叩いたものを常備しておくとなにかと便利です。

材料／4人分

白飯……………茶碗4杯分
ちりめんじゃこ…大さじ5
焼き海苔…………½枚分
たたき梅…………大さじ½

作り方

1 焼き海苔は小さくちぎる。種子をぬいた梅干しは包丁でとんとんと叩いてなめらかにする。

2 あつあつのごはんにちりめんじゃこを手早くまぜ、海苔をサッとまぜて梅をあしらう。

酢じめアジのまぜごはん

鮮度のよいアジが
手に入りましたら
ぜひお試しください。
塩と酢でしっかりしめ、
アジのおいしさを
引き出します。

材料／4人分

白飯	茶碗4杯分	塩	少々
酢	大さじ3	酢(酢じめ用)	適量
うす口しょうゆ	大さじ2	しょうが	70g
アジ	3尾	万能ねぎ	2本

作り方

1 アジは頭とわたをとり3枚におろし、腹骨をすきとる。バットに塩をしいてアジを背、腹の順にあてて腹を下にしてざるにならべる。受け皿にのせて冷蔵庫に2時間ほどおく。

2 アジは流水で塩を洗い落として氷水でふり洗いをし、ざるにとり、水けをよくとる。密閉容器に酢がアジにかぶるくらいに加える。冷蔵庫で1～2時間置いて好みのしめかげんに。

3 *2*の酢を切り、皮目を下にしてまな板に置き、中骨を骨ぬきで抜きとる。

4 皮目を上にしたら頭に近いほうから皮を一気にむく(左から右へ)。食べやすいように細切りにしておく。

5 ごはんにしょうがのみじん切りをちらし、酢とうす口しょうゆを手早くふって木杓子でさっくりとまぜる。アジと小口切りにした万能ねぎを散らしてまんべんなくまぜる。

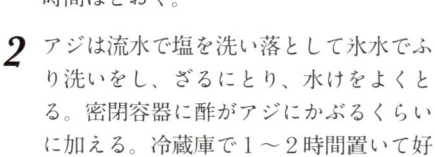

卵さえあれば、安心です

卵が大好物です。卵ほど万能な食材はないのかもしれません。卵だけでも主役になりますし、もの足りないときに加えると手軽にボリュームが出せます。思い出すのは夫が大好きだった「玉子チャーハン」。具は卵だけでしたが、シンプルでそれがおいしいと言ってくれました。それと「あぶ玉煮」。油揚げのなかにまるごと1個の卵を入れてゆっくり煮ます。やさしいお味でたんぱく質がたっぷり。育ち盛りの子どもには、こういうおかずがぴったりですね。

シンプルといえば、「かき玉汁」。みなさん、意外とおいしく作れないのです。とき卵を作るときに、ときすぎてしまったり、お汁にとろみを入れる順番を間違えていたり。簡単なものほど、基本に忠実になさってくださいね。

かき玉汁

よいおだしと卵さえあればすぐに作れます。
とろみをつけてから卵をまわし入れることで
卵がきれいにふわふわとまとまります。

材料／4人分

だし汁……………3カップ
塩…………………小さじ1強
うす口しょうゆ…小さじ1
酒…………………小さじ1
水でといたくず
（本くずと水はそれぞれ大さじ1½ずつ）
卵…………………2個
青み………………少々

作り方

1 鍋にだし汁をはり、中火にかける。煮立ったら調味料を入れて味をととのえ、水でといたくずを静かにまわし入れ、お玉で静かにまぜてとろみをつける。

2 とき卵を菜箸を伝わらせながら、細くまわし入れる。ふたをして一瞬むらしてすぐにお椀によそい、青みを添える。

うまき玉子

うなぎのかばやきは
ばぁばの元気の素。
おつまみにも
ごはんのおかずにも
ぴったりな、
見た目も美しい一品。

材料／4人分

うなぎのかばやき……1串
卵……5個
A［砂糖……大さじ2 ½（お好みで）
みりん……大さじ1
うす口しょうゆ……小さじ2
塩……少々］
大根おろし……適量
青じそ……適量

作り方

1 かばやきは別添えのたれをかけてラップをして皿にのせ、電子レンジで20〜30秒ほど軽く温めておく。身のまん中に縦の切れ目を入れる。

2 ボウルに卵をわり入れ、よくときほぐしたら、**A**を加えてこす。卵焼き鍋をよく熱したら油玉（サラダ油をカット綿にふくませたもの）でよくふいて、⅓量の卵液を流す。つついて半熟にしたらうなぎをまん中に置く。

3 手前の卵焼きをうなぎにかぶせ、向こうも同様にかぶせる。手前に油をしいて卵焼きを手前にすべらせる。あいたところを油玉でふき、卵焼きをおしやる。

4 手前を油玉でふいたら½量の卵液を流す。卵焼きの下に左、まん中、右と菜箸をさしこんでよく流れるようにする。横から菜箸をさし入れて、手前に卵焼きを折る。あいたところを油玉でふく。

5 同じ工程を繰り返して焼きあげたら、まな板にあけて3つに切り分けて皿に盛る。青じそと染めおろし（大根おろしの水けを軽く切って盛り、しょうゆを少々落としたもの）を添える。

あぶ玉煮

ばぁばが子育て中に
よく作った簡単な煮物。
栄養もボリュームもあって経済的。
子どものおなかを
しっかり満たしてくれます。

材料／2～3人分

油揚げ		3枚
卵		6個
だし汁		3カップ
A	みりん	大さじ5
	うす口しょうゆ	大さじ2½
	塩	少々
かぶの茎		適量
ようじ		8本

作り方

1 油揚げはまな板に縦に置き、菜箸を手前から向こう側へ転がして開きやすくする。熱湯を回しかける。横にしてまん中に包丁を入れ袋状にていねいに開く。

2 ***1***の長さを半分に切り、小さな器に立てて入れ、口を開く。卵1個を別の器に割り入れて、油揚げの中に静かに流し込み、ようじで口を縫うように止める。

3 底の広い浅鍋にだし汁を煮立て、Aを加える。煮立ったら静かに***2***を並べ入れる。次の煮立ちで弱めの中火にし、おとしぶたをして7～8分間ゆっくりと煮る。

4 ようじをぬきとり、縦半分に切って器に盛る。ゆでたかぶの茎を添えて煮汁をはる。

ばぁば風玉子炒め

具の主人公はたっぷりの卵。
多めのサラダ油でふんわり炒め、
とろみをつけた
さっぱり味のおかずです。

材料／4人分

	卵	3個
	豚うす切り	約100g
	きくらげ	大2枚
	長ねぎ	1本
	生しいたけ	4枚
	枝豆	少々
	サラダ油	4½
A	酒	大さじ2
A	砂糖	大さじ2
A	みりん	大さじ1
A	しょうゆ	大さじ2
A	塩	少々
	水溶き片栗粉	大さじ1

作り方

1 戻したきくらげはひと口大にちぎる。生しいたけは石づきをとって薄切りにする。長ねぎは斜め切りにする。卵をときほぐしておく。

2 深めの鉄なべ(中華なべ)を熱したらサラダ油大さじ3を加え、鉄べらでまんべんなくゆきわたらせる。

3 とき卵を一気に加えて大きくまぜながらふんわりとした大きないり卵を作り、ボウルにあける。

4 なべにサラダ油大さじ1½を加え、豚のうす切り(ひと口大に切る)をサッと炒める。きくらげを加えてさらに炒め、生しいたけを加える。大きく返しながら炒め、**A**を手早く加えてよくまぜる。

5 長ねぎの斜め切りと***3***を加え、水溶き片栗粉をまわし入れて手早くまぜる。器に盛りゆでた枝豆を散らす。

あとがき

歳をとったら、「やわやわ」がいい、なにごとも。そう思っています。「こうしなければいけない」と決めつけることなく、「まあ、そうなのね」と受け流したり、受け入れたりしてのんびりと生きております。

長く生きてきましたので、ずいぶんと世の中は変わっていると感じます。「変化」ですから、「よいも悪いもない」のだと思います。ただ、今の女性たちを見ると、「昔よりも家事はラクなはずなのに、もっとラクになりたい」と願っているのはなぜかしら、と考えるのです。

炊飯器、洗濯機、食器洗い乾燥機。留守のときに、部屋の中をクルクルと回って掃除してくれるものだってあるといいます。そしてお米は無洗米もある。こんなに便利な生活をしていても、料理はもっと時短がいい、手抜きしたいとおっしゃる。

みなさん、あまった時間になにをなさっているのかしら？　とお聞きしたいです。

きっと「あまらない」って言うわね。

「もっと自由な自分の時間が欲しい」という思いはどんどんとふくらんでしまいますでしょう。私たちはラクなほうに流されてしまいますから。

自由な時間は歳をとれば、いくらでもあります。今は、わたし、なにをしようがしまいが自分の思いどおりです。それも健康だからこそだと思います。


いつの時代もふだんの暮らし、お食事に健康と幸せの原点があります。忙しいとおっしゃるあいだに、おひたしのひとつでもお作りになってはいかがでしょう。

生きる力のもとを、どうぞ大切になさってくださいね。

ばぁば

日本料理研究家
鈴木登紀子（すずき・ときこ）

1924年、青森県八戸生まれ。
自宅で始めた料理教室をきっかけに、46歳で料理研究家に。
40年以上、NHK「きょうの料理」に出演。
“ばぁば”の愛称で人気を博す。

ばぁば、93歳。暮らしと料理の遺言
著　者　鈴木登紀子

編集人　新井晋
発行人　倉次辰男
発行所　株式会社 主婦と生活社
〒104-8357 東京都中央区京橋3-5-7
TEL 03-3563-5058(編集部)
TEL 03-3563-5121(販売部)
TEL 03-3563-5125(生産部)
http://www.shufu.co.jp/

印刷所　太陽印刷工業株式会社
製本所　小泉製本株式会社

ISBN978-4-391-15186-2